Inhalt

Über dieses Buch

Systematische Problemlösung und Entscheidungsfindung unterscheidet sich deutlich von den meisten anderen Selbsthilfe-Büchern: es will nicht nur gelesen, sondern auch angewendet werden. Die außergewöhnliche Aufmachung dieses Buches, die Möglichkeit, das Lerntempo selbst zu bestimmen, sowie die verschiedenen Arbeitsblätter ermutigen den Leser, in die Materie vorzudringen und das Gelernte auch praktisch anzuwenden.

Mit Hilfe von einfachen und doch sehr wirkungsvollen Techniken lernt der Leser, seine Probleme zu definieren, analysieren, zu verstehen und auch zu lösen. Weiters werden die Fähigkeiten des Lesers auf dem Gebiet der Entscheidungsfindung ausgebaut und vertieft.

● *Selbststudium* – Für dieses Buch braucht man nur ein wenig Ruhe, etwas Zeit und einen Bleistift. Wenn Sie die Fragebögen und Übungen ernst nehmen, erhalten Sie nicht nur wertvolles Feedback, sondern auch praktische Anregungen, *was* Sie verbessern könnten.

● *Workshops und Seminare* – Dieses Buch eignet sich hervorragend als Vorbereitung auf ein Workshop oder Seminar. Wenn die Teilnehmer schon ein gewisses Grundwissen mitbringen, steigert das die Qualität jeder solchen Veranstaltung. Während des Seminars oder Workshops können dann einige Gedanken vertieft bzw. gewisse Übungen ausgeweitet werden. Dieses Buch kann aber auch erst zu Beginn eines Seminars usw. an die Teilnehmer verteilt und unter fachkundiger Leitung gemeinsam durchgearbeitet werden.

● *Fernstudium* – Wer gerne an einem Seminar teilnehmen möchte, aber verhindert ist, kann mit diesem Buch Versäumtes im Alleingang nachholen.

Je nach Zielsetzung, Programm und Ideen der Leser kann das Buch auch noch auf andere Weisen benützt werden.

Eines steht jedenfalls fest: auch nachdem man dieses Buch gelesen hat, wird man es nicht beiseite stellen, sondern immer wieder zur Hand nehmen – und immer wieder aufs neue seine Anregungen überdenken.

Über den Autor

Sandy Pokras ist Direktor der Viability Group Inc., einem Unternehmen, das sich darauf spezialisiert hat, Kurse für Kommunikationstraining, Organisationsentwicklung und Lernmethoden anzubieten. Sandy Pokras wirkt seit 1973 auf dem Gebiet der Ausbildung und Beratung von Führungskräften und besitzt ein Diplom für Interpersonal Counseling von der »Advance Organization of Copenhagen«. Er ist der Autor einer Reihe von Kursunterlagen und Videobändern, durch die seine außergewöhnliche Methode zur pragmatischen Erarbeitung von Fähigkeiten schon vielen Menschen vermittelt werden konnte.

Sandy Pokras

Systematische Problemlösung und Entscheidungsfindung

Der 6-Stufen-Plan zur sicheren Entscheidung

UEBERREUTER

Die Deutsche Bibliothek – CIP-Einheitsaufnahme

Pokras, Sandy:
Systematische Problemlösung und Entscheidungsfindung : der
6-Stufen-Plan zur sicheren Entscheidung / Sandy Pokras. -
Wien : Ueberreuter, 1991
   (50-Minuten-Training-Script) (Manager-Magazin-Edition)
   (Ueberreuter-Wirtschaft)
   Einheitssacht.: Systematic problem-solving and decision-making <dt.>
   ISBN 3-8000-3410-7

AU 192/1
Alle Rechte vorbehalten
Aus dem Amerikanischen von Lexicomm ® konz. Fachübersetzungsbüro
Originaltitel »Systematic problem-solving and decision-making«, erschienen
im Verlag Crisp Publications, Los Altos, Kalifornien
Copyright © 1989 by The Viability Group, Inc.
Fachredaktion: Dr. Peter Kowar
Technische Redaktion: Dr. Andreas Zeiner
Umschlag: Beate Dorfinger
Illustrationen: Josef Koo
Typografie: Kurt Bauer
Copyright © der deutschsprachigen Ausgabe 1991 by Verlag Carl Ueberreuter, Wien
Druck und Bindung: Carl Ueberreuter Druckerei Ges. m. b. H., Korneuburg
Printed in Austria

Teil 1:

Einführung in die systematische Problemlösung

und Entscheidungsfindung

Vielleicht kennen Sie das alte Sprichwort »Es gibt keine Probleme, es gibt nur Chancen«. Für jemanden, der sich gerade mitten in einer schwierigen Entscheidung oder in einer vielschichtigen Problemsituation befindet, mag das nach übertriebenem »Heile-Welt-Optimismus« klingen. Wenn Sie jedoch die hier vorgestellten erprobten, logisch aufgebauten Methoden zur Problemlösung und Entscheidungsfindung anwenden, werden Sie erkennen, daß tatsächlich jedes Problem eine Chance in sich birgt.

Dieses Buch möchte Ihnen zeigen, wie Sie mit Problemen rational umgehen und Krisen systematisch überwinden können. Die vorgestellte Methode der Entscheidungsfindung wird Ihnen dabei helfen, vielschichtige Probleme in kleinere Einheiten zu zerlegen, die dann einzeln wesentlich besser gelöst werden können. Durch Anwenden der umfassenden Methode, die Sie hier erlernen, werden Sie bald in der Lage sein, auch in verfahrenen Situationen oder im Hinblick auf immer wieder auftretende Schwierigkeiten die Probleme zu definieren, Ihre Vielschichtigkeit zu entwirren, sie zu analysieren und schließlich auch zu lösen.

Dieses Buch bezieht sich in erster Linie auf Probleme am Arbeitsplatz. Die hier vorgestellte Methode können Sie aber auch für ganz persönliche Probleme und Schwierigkeiten anwenden.

Der größte Fehler beim Lösen von Problemen ist es, nur die Symptome zu sehen und nicht an der Wurzel des Problems anzusetzen. Manchmal fällt es sogar »Experten« schwer, die wahre Ursache eines Problems zu erkennen. Beseitigt man jedoch nur die Symptome, dann wird der »Rost« gleichsam nur mit ein wenig Farbe übertüncht – und das tieferliegende Problem bleibt unverändert bestehen. In der Folge treten auch die altbekannten Symptome wieder auf, oder es kommen sogar neue dazu.

● **Die Schritt-für-Schritt-Methode**

Wenn Sie jeden einzelnen Schritt der hier beschriebenen Methode zur systematischen Problemlösung und Entscheidungsfindung nachvollziehen, dann können Sie ein Problem wirklich an seiner Wurzel beseitigen. Diese Grundschritte unserer Methode heißen:

Schritt 1: Problemerkennung
Schritt 2: Problembenennung
Schritt 3: Analyse der Problemursache
Schritt 4: Sammeln von Lösungsvorschlägen
Schritt 5: Entscheidungsfindung
Schritt 6: Erstellung eines Aktionsplans

● **Vorteile und Lerninhalte dieser Methode**

Was bringt es Ihnen konkret, wenn Sie künftig nach der Schritt-für-Schritt-Methode vorgehen? Wer die Techniken der Systematischen Problemlösung und Entscheidungsfindung anwendet, wird Erfolge verzeichnen und sich folgende Fertigkeiten aneignen:

Definitionen	Sie werden lernen, das Problem genau zu definieren, um zu verhindern, daß Sie sich nur mit dessen Symptomen beschäftigen.
Lösungen	Sie können Lösungen finden, mit denen Probleme ein für allemal aus der Welt geschafft werden – und nicht nur »der Rost übertüncht« wird.
Entscheidungen	Die Entscheidungen, die Sie künftig treffen, werden die richtigen Entscheidungen sein; Entscheidungen, die sich realisieren lassen und die auch Bestand haben.
Besprechungen	Ihre Besprechungen werden getragen sein von produktiver Problemlösung und Entscheidungsfindung. Sie werden lernen, andere Meinungen nicht abzulehnen, sondern als Bereicherung zu betrachten, wenn es darum geht, Probleme zu definieren, Entscheidungen zu treffen, Lösungen auszuarbeiten und Aktionspläne zu realisieren.
Teamwork	Sie werden erleben, daß sich effektive Zusammenarbeit von zwei oder mehreren Vertretern verschiedener Ansichten wirklich lohnt.

● **Ihre Erwartungen**

Am meisten können Sie durch dieses Buch profitieren, wenn Sie das, was Sie lesen, in direkten Zusammenhang mit Ihrer persönlichen Situation setzen. Die Beantwortung der folgenden Fragen wird Ihnen helfen, sich die wesentlichsten Probleme und Entscheidungssituationen Ihres täglichen Lebens zu vergegenwärtigen.

Arbeitsblatt: Meine persönlichen Erwartungen

Bitte beantworten Sie folgende Fragen:

Mit welchen Problemen möchten Sie sich auseinandersetzen?

_____

_____

_____

In welchen schwierigen Entscheidungssituationen wollen Sie logisch vorgehen?

_____

_____

_____

Welche immer wieder auftretenden Probleme und Entscheidungen wollen Sie ein für allemal lösen?

_____

_____

_____

Welche Fertigkeiten auf dem Gebiet der Problemlösung und Entscheidungsfindung möchten Sie sich aneignen bzw. vertiefen?

_____

_____

_____

Wählen Sie nun aus diesen persönlichen Zielsetzungen ein Problem als »persönliche Fallstudie« aus. Während des ganzen Buches können Sie alle Methoden und Vorschläge gleich an der Lösung dieses spezifischen Problems ausprobieren.

_____

Beim Durcharbeiten dieses Buches sollten Sie immer wieder den Bezug zu diesem Arbeitsblatt herstellen. Die Erfahrung hat gezeigt, daß sich Methoden zur persönlichen Weiterentwicklung am besten erlernen lassen, wenn sie stets an konkreten Beispielen orientiert sind.

Ihre Zielsetzungen

Bestimmen Sie, wie wichtig die angeführten Zielsetzungen für Sie persönlich sind.

Bewertung der Zielsetzungen

Ich möchte ...

1. die einzelnen Schritte dieser Methode
der Problemlösung verstehen lernen _____ 1 2 3 4 5
2. lernen, bei jedem Schritt bestimmte analytische
Techniken einzusetzen _____ 1 2 3 4 5
3. erkennen, daß bei jedem einzelnen Schritt die Art
der Kommunikation eine entscheidende Rolle spielt _____ 1 2 3 4 5
4. lernen, mittels welcher Fragen man bei jedem einzelnen
Schritt die Kommunikation forcieren kann _____ 1 2 3 4 5
5. die Anatomie von Problemen erkennen lernen
sowie herausfinden, warum sie so hartnäckig sind _____ 1 2 3 4 5
6. Probleme so lösen, daß sie nicht über kurz oder lang
wieder auftreten _____ 1 2 3 4 5
7. verstehen, worin der Unterschied zwischen den Ursachen
und den Auswirkungen eines Problems liegt _____ 1 2 3 4 5
8. wissen, wie man ein Problem beim Namen nennen kann,
um die Diskussion und die Analyse zu erleichtern _____ 1 2 3 4 5
9. lernen, wie man die eigentliche Wurzel eines Problems
finden kann _____ 1 2 3 4 5
10. lernen, wie man mittels Brainstorming
Lösungsvorschläge sammelt _____ 1 2 3 4 5
11. lernen, nach welchen Methoden man diese Vorschläge
bewertet, um sich für jenen zu entscheiden,
der am besten realisiert werden kann _____ 1 2 3 4 5
12. verstehen, wie wichtig die Erstellung eines Aktionsplanes
zur Umsetzung einer Lösung in die Praxis ist _____ 1 2 3 4 5
13. lernen, wie sich diese Methode in Zukunft auch
auf Probleme anderer Lebensbereiche anwenden läßt _____ 1 2 3 4 5

Bewertungsschlüssel:

1 = von höchstem Interesse, 2 = von Interesse, 3 = manchmal von Interesse,
4 = von geringem Interesse, 5 = kaum von Interesse

Ihre Vorsätze

Sie hatten nun die Möglichkeit, Ihre Erwartungen und Zielsetzungen abzuklären. Als nächstes müssen Sie sich konkrete Vorsätze vornehmen. In dem unten angeführten »Persönlichen Vertrag über Lernziele« finden Sie alle wesentlichen Punkte. Überlegen Sie, welche dieser Punkte sich mit Ihren persönlichen Vorsätzen decken. Zum Schluß müssen Sie mit Ihrer Unterschrift Ihren ernsten Willen zur Verwirklichung dieser Vorsätze bekunden.

Persönlicher Vertrag über Lernziele

Wählen Sie Ihre Vorsätze

○ Ich möchte auf dem Gebiet der Problemlösung und Entscheidungsfindung logischer, analytischer sowie systematischer vorgehen.

○ Ich möchte schrittweise zum »wahren Kern« des Problems vordringen, bevor ich mir Gedanken über dessen Lösung mache.

○ Ich bin bereit, auch andere Betroffene in den Lösungsprozeß einzubinden, um gegenseitige Unterstützung und Teamwork zu fördern.

○ Ich bin bereit, die Übungen in diesem Buch durchzuführen, nach bester Möglichkeit einen Bezug zu dem zu lösenden Problem herzustellen und meine Lösungsvorschläge auch zu realisieren.

○ Ich möchte meine Zeit gut einteilen, so daß ich mich ohne Ablenkungen und Unterbrechungen auf das Erlernen der hier vorgestellten Fähigkeiten konzentrieren kann.

○ Ich habe die feste Absicht, das, was ich lerne, auch anzuwenden und gewissenhaft in die Praxis umzusetzen.

Übereinkommen:
Ich möchte mich an diesen Lernvertrag halten und so auf maximale Weise von den vorgestellten Methoden profitieren.

_____   _____
(Unterschrift)   (Datum)

Teil 2:

Die Methode im Überblick

2.1 Was ist überhaupt ein Problem?

Was bedeutet der Ausdruck »Problem«? Dieses Wort wird so oft verwendet, daß es nötig wäre, sich einmal ganz genau zu überlegen, was man unter diesem Wort verstehen kann. Was bedeutet »Problem« Ihrer Meinung nach? Bitte schreiben Sie im folgenden Ihre ganz spontanen Gedanken und Einfälle auf:

Ihre Definition des Wortes »Problem«:

_____

_____

_____

_____

_____

_____

_____

_____

_____

_____

_____

_____

_____

_____

_____

_____

_____

_____

_____

2.2 Merkmale eines Problems

Die folgende Checkliste faßt die typischen Merkmale von Problemen zusammen. Die Punkte auf dieser Liste scheinen für alle Probleme zu gelten. Trifft der beschriebene Umstand also auf Ihre konkrete Situation zu, so handelt es sich tatsächlich um ein Problem. Überprüfen Sie, welche der folgenden Merkmale auf jene persönlichen Problembeispiele zutreffen, die Sie im Arbeitsblatt »Persönliche Erwartungen« auf Seite 7 ausgewählt haben.

Checkliste »Problem-Merkmale«

Merkmale

		Trifft auf meine Problemfälle zu
ungenügende Kommunikation	die Kommunikation ist gestört bzw. hat noch gar nicht begonnen, so daß wirkliches gegenseitiges Verstehen nicht gewährleistet ist _____	O
unbekannte Faktoren	es fehlt an Informationen _____	O
unrichtige Informationen	ein Teil der Information ist falsch _____	O
Verwirrung	die betroffenen Personen fühlen sich im unklaren, überfordert oder überrumpelt von all den Eindrücken und Vorschlägen, die auf sie einstürmen _____	O
versteckte Emotionen	wenn Sie die Situation genau untersuchen, kommen im allgemeinen verborgene Emotionen ans Tageslicht _____	O
verschiedene Standpunkte	die Beteiligten vertreten konträre Ansichten _____	O
veränderte Eindrücke	bei genauerer Untersuchung der Situation ändern sich die Vorstellungen, Gefühle und Erklärungen, manchmal sogar auf radikale Weise _____	O
ausgeglichenes Dilemma	die Situation ähnelt einem Tauziehen, wobei keine der beiden Seiten (Person oder Vorschlag) die Möglichkeit hat, zu gewinnen _____	O
Weiterbestehen	die Problemsituation löst sich nicht von selbst _____	O

2.3 Problem-Anatomie

Ein Problem ist im Grunde ein Dilemma, aus dem sich kein Ausweg finden läßt. Eine unerwünschte Situation ohne Lösung, eine Frage, auf die sich im Moment keine Antwort finden läßt. Es geht nicht nur darum, daß die Dinge anders sind, als Sie sie gerne haben möchten – sondern darum, daß sie einfach nicht greifbar sind – egal, was Sie auch unternehmen. Ein Problem ist nicht eine Frage, die noch nicht beantwortet ist, sondern eine Frage, mit der Sie einfach nichts anfangen können. Es ist ein Konflikt oder eine Krise, die immer wieder von neuem auftritt, egal, was Sie dagegen unternehmen.

Die Anatomie eines Problems läuft auf folgende simple Darstellung hinaus:

Ausgeglichene Gegenkräfte (Konflikt)

In Worten ausgedrückt: ein Problem ist ...

eine Idee ⟫ angesichts ⟪ **einer Gegenidee**; bzw.

eine Kraft ⟫ angesichts ⟪ **einer Gegenkraft**; bzw.

ein Ziel ⟫ angesichts ⟪ **eines Gegenziels**.

Diese Aufzählung könnte man noch weiter fortsetzen; ich bin jedoch sicher, Sie haben verstanden, was gemeint ist. Hier ein paar konkrete Beispiele:

Sie wollen sich etwas Schickes zum Anziehen kaufen,	**aber**	*andererseits wollen Sie auch Geld sparen;*
Sie müssen mit J. R. zusammenarbeiten,	**aber**	*Sie können ihn nicht ausstehen;*
Sie glauben, in Ihrer Abteilung läuft alles wie am Schnürchen,	**aber**	*Ihr Vorgesetzter drängt auf einschneidende Veränderungen.*

Die Ausgeglichenheit der Gegenkräfte ist die eigentliche Ursache für die Überforderung und Verwirrung der Teilnehmer. Diese Ausgeglichenheit führt zu einem Fortbestehen der Problemsituation. Wenn eine Seite stärker wäre als die andere und sich durchsetzen könnte, wäre das Problem aus der Welt geschafft: wenn z. B. Ihr Boss auf der Bildfläche erscheint, entscheidet, was getan wird, und sich alle daran halten. Einmal mit der Faust auf den Tisch – und schon ist Schluß mit der Unentschlossenheit. (Eine willkürliche Entscheidung verhindert natürlich nicht, daß Probleme immer wieder auftreten, solange die ihnen zugrundeliegenden Ursachen nicht gelöst werden.)

Fallstudie

Um die in diesem Buch vorgestellten Techniken mehr mit der Wirklichkeit in Verbindung zu bringen, möchten wir Ihnen als Beispiel das konkrete Problem der Firma Consumer Tech vorstellen. Anhand dieses Beispiels werden wir Ihnen nun und im weiteren Verlauf des Buches unsere Methode verdeutlichen.

Fallstudie – Firma Consumer Tech

Consumer Tech ist ein kleines Unternehmen auf dem Gebiet der Entwicklung und des Vertriebs von Produkten, die auf neuen Technologien basieren. Ein besonderer Markterfolg sind ihre elektrischen Zahnbürsten. Kürzlich stellte die technische Abteilung eine aufregende Neuentwicklung vor: eine Zahnbürste, mit der man seine Zähne putzen kann, ohne sie zu berühren, vollautomatisch gesteuert also: die »Elektronische Zahnbürste«.

Daraus ergab sich ein Problem. Der technische Leiter möchte die neue Zahnbürste umgehend auf den Markt bringen. Dummerweise haben sich bei der Produktion der neuen Zahnbürste Probleme ergeben, die dem Produktionsleiter nun zu schaffen machen. Gemeinsam mit dem Qualitätsverantwortlichen versucht er nun, die Ursache dieses Produktionsproblems herauszufinden.

Der Marketingleiter befürwortet eine sofortige Ankündigung der neuen Erfindung, während der Finanzleiter sich Sorgen macht, daß man auf den Lagerbeständen des Vorgängermodells sitzenbleibt, wenn man die neue Zahnbürste zu rasch auf den Markt bringt.

Offizielle Meetings zum Thema »Elektronische Zahnbürste«, einberufen vom Firmendirektor, entwickelten sich zu hitzigen Debatten und verliefen ergebnislos. Sobald sich nun zwei oder mehr Betroffene zufällig beim Kaffeeautomaten treffen, ergeben sich weitere Wortgefechte.

Wenn Sie diese Situation nach den Kriterien der Checkliste für Problemmerkmale (Seite 12) beurteilen, merken Sie, daß alle dort angeführten Merkmale auf die Situation der Firma Consumer Tech zutreffen. Man hat zwar versucht, eine Lösung zu finden, hat aber bis jetzt nichts erreicht. Es kristallisiert sich immer mehr heraus, daß es ausgeglichene Gegenkräfte geben muß, deren Vorhandensein bisher niemand bemerkt hat. Solange dieser Konflikt nicht analysiert und gelöst wird, wird sich die Situation wohl noch weiter verschlimmern.

Fallstudie – Ihre Reaktion wäre ...

Wenn Sie in diesem Fall helfend eingreifen wollten, was würden Sie tun? Schreiben Sie Ihre Ideen auf. Sie können auch das bisher Gelesene gleich in Ihre Vorschläge mit einbeziehen. Später, wenn Sie das Buch beendet haben, blättern Sie bitte noch einmal zurück, um zu vergleichen, wie sehr sich Ihre Vorschläge in der Zwischenzeit verändert haben.

Wie ich Consumer Tech helfen würde:

_____

_____

_____

_____

_____

_____

_____

_____

_____

_____

_____

_____

_____

_____

_____

_____

_____

_____

2.4 Methodologie der Problemlösung

Die ideale Methode, um Probleme zu lösen und schwierige Entscheidungen zu treffen, umfaßt zwei Schritte. Diese »magische Formel« funktioniert garantiert: sie hat noch nie versagt, wenn sie korrekt angewendet wurde. Die beiden Schritte lauten:

Schritt 1: Definieren Sie das Problem.
Schritt 2: Entscheiden Sie, wie es zu lösen ist.

Sie wußten das bereits? Obwohl es recht plausibel klingt, nehmen viele Leute Schritt 1 (Definition des Problems) nicht ernst genug. Sie gehen statt dessen sofort über zu Schritt 2 und entscheiden, wie das Problem gelöst werden soll. Wenn ein Problem nun aber nicht genau und gründlich definiert wurde, zielt die Lösung vielleicht gar nicht auf den wahren Kern dieses Problems ab. Die meisten Leute, die unser System zur Problemlösung erlernen, meinen, daß es ihnen relativ leicht fällt, Lösungen zu finden. Die Schwierigkeit liegt darin, sich genau darüber bewußt zu werden, was man eigentlich analysieren und lösen möchte.

Wie definiert man nun ein Problem? Und wie findet man die beste Lösung? Sehen Sie sich bitte einmal die Übersicht über die Problemlösungs- und Entscheidungs-findungsmethoden auf der nächsten Seite an. Sie faßt alle nötigen Schritte in kurzer und übersichtlicher Weise zusammen; im weiteren Verlauf dieses Buches wollen wir sie PL/EF-Übersicht nennen.

Übersicht: Problemlösung/Entscheidungsfindung

Jeder einzelne hier angeführte Grundschritt zielt auf ein ganz bestimmtes Ergebnis ab. Sobald Sie dieses Ergebnis erreicht haben, sollten Sie zum nächsten Schritt weitergehen. Die besten Ergebnisse erzielen Sie, wenn Sie wirklich _jeden einzelnen_ Schritt genau befolgen.

Prozeß der Problemdefinierung	Ergebnis
1. Erkennen Diskutieren und dokumentieren Sie die einzelnen Standpunkte, die Fakten, für die es Beweise gibt, sowie alle relevanten Symptome so lange, bis alle Beteiligten anerkennen, daß ein Problem vorliegt.	Übereinstimmung, daß eine bestimmte Frage gelöst werden muß.
2. Benennen Legen Sie eindeutig fest, wie die beiden Seiten jenes Konfliktes aussehen, den Sie lösen möchten.	Eine von allen anerkannte Bezeichnung des Problems.
3. Analyse Finden Sie gemeinsam heraus, welche Problemursache (nur _eine_) am fundamentalsten erscheint.	Übereinstimmende Festlegung der Problemursache, die beseitigt werden soll.

Prozeß der Entscheidungsfindung	Ergebnis
4. Optionen Zählen Sie alle (auch die unwahrscheinlichsten) Strategien auf, die sich eventuell für die Lösung des Problems und seiner Wurzel eignen könnten.	Eine umfassende Liste aller möglichen Lösungen.
5. Entscheidungsfindung Wählen Sie aus dieser Liste die beste Möglichkeit aus, indem Sie objektive Bewertungsmethoden einsetzen.	Eine unumstößliche, von allen anerkannte Entscheidung über die Lösungsstrategie.
6. Aktionsplan Organisieren Sie systematisch alle Aufgaben, Zeitpunkte, Verantwortlichen sowie Ressourcen, die zur Umsetzung der Entscheidung in die Praxis nötig sind.	Ein umfassender Orientierungsplan zur schrittweisen Umsetzung der Entscheidung in die Praxis.

Jeder in dieser Übersicht angeführte Schritt wird im weiteren Verlauf dieses Buches noch genau beschrieben. Bevor wir aber ins Detail gehen, ist es wohl hilfreich, einige Richtlinien zur Anwendung der PL/EF-Übersicht zu haben. Die auf der nächsten Seite angeführte Checkliste »Die Methode im Überblick« faßt die besten Ansätze zur Problemlösung bzw. Entscheidungsfindung zusammen.

Checkliste »Die Methode im Überblick«

Sehen Sie sich diese Checkliste an, um herauszufinden, wie effektiv Sie derzeit an Probleme und Entscheidungen herangehen. Sie können auch an einem anderen Punkt dieses Buches innehalten, diesen Fragebogen noch einmal durchgehen und sehen, ob Sie bereits Fortschritte gemacht haben.

Prüfen Sie, wie Sie sich derzeit verhalten, wenn Sie Entscheidungen treffen bzw. Probleme lösen möchten:

Ich bereite eine Agenda vor, die auf ein bestimmtes Ergebnis abzielt_____ O
Ich halte mich genau an diese Agenda _____ O
Ich erstelle Grundregeln für die Teilnehmer und halte daran fest _____ O
Ich unterteile große Probleme in kleinere, überschaubare Einheiten _____ O
Ich führe jeden Schritt vollständig aus, bevor ich zum nächsten weitergehe _ O
Wenn der Lösungsprozeß ins Stocken gerät, gehe ich noch einmal zum
vorigen Schritt zurück _____ O
Ich weiß, welche Technik ich jeweils anwende _____ O
Ich vertraue auf den Erfolg einer bestimmten Vorgangsweise und
bleibe dabei, solange ich Fortschritte mache _____ O
Ich bringe die Methoden der beiden Hauptabschnitte (1. Problemdefinition/
2. Entscheidungsfindung) nicht durcheinander _____ O
Ich integriere alle betroffenen Personen/Problempunkte in den
Problemlösungsprozeß _____ O
Ich betrachte divergierende Meinungen ganz offen als wertvollen Beitrag ____ O
Ich akzeptiere alle Ansichten und Gefühle und beziehe sie
in den Prozeß mit ein _____ O
Ich halte alle Gedanken, Vorschläge und anderen Beiträge schriftlich fest ___ O
Ich führe ein Diskussionsprotokoll, in das alle Einblick nehmen können ____ O
Ich akzeptiere und integriere alle Standpunkte und Gefühle _____ O
Ich weiß, welche Fragen ich jeweils stellen muß _____ O
Ich schaffe es, von allen Anwesenden zufriedenstellende
Antworten zu erhalten _____ O
Ich höre aufmerksam zu und reagiere konstruktiv _____ O
Ich delegiere klar umrissene Aufgaben an
einzelne Besprechungsteilnehmer _____ O
Ich rege die Synergie und Kreativität der Gruppe an _____ O
Ich versuche, die divergierenden Standpunkte
zu einer Einigung zu führen _____ O

Teil 3:

Dynamik der Kommunikation

3.1 Dynamik der Kommunikation

Bevor wir nun die auf Seite 6 beschriebenen sechs Schritte genauer erklären, beantworten Sie bitte noch folgende Frage: Welche Fähigkeit entscheidet darüber, ob jemand im Prozeß der Problemlösung oder Entscheidungsfindung mit der schrittweisen Vorgangsweise auch Erfolg hat? Wenn Ihre Antwort »Kommunikationsfähigkeit« heißt, dann liegen Sie richtig.

Schlechte Kommunikation wirkt wie eine Barriere im Problemlösungsprozeß, während gute Kommunikation den Prozeß sehr fördern kann. Unzureichende Kommunikation ist ein Anzeichen dafür, daß ein Problem vorliegt, und kann sogar die Ursache der Schwierigkeiten sein.

Im nun folgenden Abschnitt werden einige entscheidende Techniken zur Erreichung eines guten Kommunikationsflusses im Problemlösungs- und Entscheidungsfindungsprozeß vorgestellt.

Zur Übereinstimmung gelangen

Solange nicht alle Beteiligten sich darüber einig sind, daß ein Problem vorliegt, kann es nicht effektiv besprochen, analysiert oder gelöst werden. »Meister« auf dem Gebiet der Problemlösung und Entscheidungsfindung sind sich stets bewußt, wie wichtig, ja entscheidend es ist, andere Standpunkte zu ergründen, zu respektieren und zu akzeptieren. Und das ist eben nur durch wirksame Kommunikation möglich.

Die folgende Tabelle »Wie man sich in Problemsituationen einigt« umfaßt Richtlinien, die dabei helfen wollen, diese im Grunde ganz logische Methode im Rahmen der Zusammenarbeit mit Menschen einzusetzen, die nicht immer logische Wesen sind. Die Spalte »Wie kann ich diesen Punkt umsetzen?« erklärt, wie die einzelnen Richtlinien praktisch angewendet werden können.

Wie man sich in Problemsituationen einigt

Richtlinie

Wenn Sie das Gefühl haben, daß Sie mit irgend jemand oder etwas Schwierigkeiten haben, dann liegt *tatsächlich* ein Problem vor.

Wenn es ein Problem gibt, ist dies jedem Beteiligten in irgendeiner Form *bewußt*. Denken Sie aber daran, daß jeder dieses Problem aus einer *anderen* Perspektive sieht.

Suchen Sie allgemein anerkannte bzw. überprüfbare Fakten als *Ausgangspunkte*, um eine Diskussion des Problems einzuleiten.

Finden Sie heraus, wo die einzelnen *Standpunkte* einander überschneiden.

Stellen Sie *Fragen*, anstatt die Richtung vorzugeben.

Bitten Sie andere, *ihre* Standpunkte darzulegen.

Vermeiden Sie eine Atmosphäre, wo *gedroht* oder *beschuldigt* wird.

Erzeugen Sie ein Klima der engagierten und offenen *Zusammenarbeit*.

Versuchen Sie, den Mißverständnissen und unbekannten Faktoren auf die Schliche zu kommen, die das Problem so hartnäckig machen.

Umsetzung

Übergehen Sie dieses Problem nicht, und lassen Sie sich auch nicht beschwichtigen. Finden Sie heraus, inwieweit sich auch andere der Existenz dieses Problems bewußt sind.

Um erkennen zu können, aus welchem Blickwinkel heraus andere ein bestimmtes Problem betrachten, fragen Sie sie, inwiefern die Dinge anders liegen, als sie liegen sollten; oder Sie fragen einfach, aus welcher Perspektive sie das Problem betrachten.

Gehen Sie aus von Produktionsstatistiken, bestimmten Ereignissen, belegbaren Fakten, Aussagen anderer Personen, ... aber keinesfalls von Werturteilen.

Analysieren Sie die Informationen, die Sie von allen Teilnehmern erhalten, und überlegen Sie, was sich dabei an Gemeinsamkeiten entdecken läßt.

Legen Sie die Richtung fest, in die das Gespräch verlaufen soll, fragen Sie dann aber gleich nach den Gefühlen, Gedanken oder Beobachtungen der anderen Beteiligten.

Zwingen Sie anderen Ihre eigene Meinung nicht auf, sondern zeigen Sie so lange Einfühlungsvermögen, bis jene Ihren Standpunkt akzeptieren.

Verwenden Sie nie Suggestivfragen oder bewertende Fragen (»Vertreten Sie noch immer diese unsinnige Meinung?«), und halten Sie keine »Vorträge«, um Schuld zu beweisen oder Werturteile zu fällen.

Wenn Sie bemerken, daß sich ein Teilnehmer besonders defensiv oder schüchtern verhält, dann wählen Sie eine weniger bedrohliche Vorgangsweise.

Diskutieren Sie so lange, bis diese Mißverständnisse aufgespürt sind.

3.2 Was trägt zum Gelingen von Besprechungen bei?

Wenden wir nun die Richtlinien der Tabelle »Wie man sich in Problemsituationen einigt« auf die Abhaltung einer Besprechung an. Rufen Sie sich einige Besprechungen zur Problemlösung bzw. Entscheidungsfindung in Erinnerung, an denen Sie in letzter Zeit teilgenommen haben. Was trug zum Gelingen dieser Sitzungen bei, und was stand ihrem Erfolg im Weg?

Zur Beantwortung dieser Frage verwenden Sie bitte das folgende Arbeitsblatt »Kraftfeld-Analyse: Positive und negative Kräfte in Besprechungen«. Sie werden in diesem Buch noch auf mehrere ähnliche Arbeitsblätter stoßen: sie umfassen jeweils zwei Spalten, betitelt mit Gegensatzfragen, die mittels Brainstorming beantwortet werden sollen. Im nun folgenden Arbeitsblatt geht es um die verschiedenen Kräfte, die sich negativ und positiv auf Besprechungen auswirken. Durch das Abwägen von Plus und Minus können Sie eine einseitige Betrachtungsweise vermeiden.

Beim Ausfüllen dieser Tabellen verwenden Sie bitte keine allgemeinen Ausdrücke wie »Kommunikation«, sondern geben Sie konkrete Beschreibungen, wie z. B. »Walter war nicht vorbereitet« und »Helga wußte die richtigen Fragen zu stellen«.

Arbeitsblatt »Kraftfeld-Analyse: Positive und negative Kräfte in Besprechungen«

Was macht Besprechungen produktiv und effektiv?	Was macht Besprechungen unproduktiv und ineffektiv?

3.3 Aufgabenverteilung bei Besprechungen

Studien haben ergeben, daß Sitzungen am besten gelingen, wenn es eine klare Aufgabenverteilung gibt. Die folgende Aufstellung der verschiedenen Aufgaben erklärt, wie die Verantwortung auf mehrere Teilnehmer aufgeteilt werden kann. Der Diskussionsleiter und der Protokollführer sind neutral. Jeder der übrigen Anwesenden sollte entweder Teilnehmer oder Moderator sein.

Diejenigen, die bestimmte Aufgaben übernehmen, können das z. B. durch das Tragen bunter Hüte dokumentieren. Es ist entscheidend, daß die Teilnehmer die verschiedenen Rollen auseinanderhalten können.

Der entscheidende Faktor, d. h. die Autoritätsperson der Gruppe (z. B. der Chef) muß sich um die Verteilung der anfallenden Aufgaben kümmern. Wenn die Autoritätsperson dies unterläßt, werden die Teilnehmer sich in ihren Äußerungen zurückhalten, nicht ganz ehrlich sein oder die Autorität auf die Probe stellen. Eine effektive Besprechung ist jedoch durch eine Atmosphäre des offenen und freien Meinungsaustausches sowie kreativen Denkens ohne Rücksicht auf die Reaktion eines Chefs bzw. Vorgesetzten gekennzeichnet. Es ist sicher nicht leicht, die richtige Atmosphäre zu schaffen; eine effektive Aufgabenverteilung ist jedenfalls der erste Schritt dazu.

Aufgaben bei Besprechungen

Moderator

Er regelt und leitet die Diskussion. Er kündigt jeden Tagesordnungspunkt an und gibt auch bekannt, wieviel Zeit jeweils zur Verfügung steht; er bittet die Teilnehmer um Beiträge, stellt Fragen, die die Diskussion beleben sollen, achtet auf eine aus-gewogene Beteiligung, erinnert jene, die zu sehr vom Thema abkommen, an die eigentliche Zielsetzung der Besprechung und faßt am Ende das Erreichte zusammen. Der Diskussionsleiter bleibt stets neutral und gibt keinerlei Wertungen ab, außer er wird von der Gruppe ausdrücklich darum gebeten.

Protokollführer

Der Protokollführer hält den gesamten Besprechungsverlauf genau fest. Bestimmte Schlüsselbegriffe schreibt er auf das Flipchart oder auf eine Tafel, so daß diejenigen, die ihren Standpunkt darlegen, das Gefühl vermittelt bekommen, sie würden richtig verstanden. Der Protokollführer hält nicht minutiös jede Kleinigkeit fest, sondern konzentriert sich auf die wesentlichen Punkte.

Präsentator

Ein Präsentator liefert neue Information und entscheidende Argumente auf systematische Weise. Er erklärt die jeweilige Position, bringt Beweise zur Unterstützung, bezieht jene ein, die nur zuhören, führt sie in ihren Überlegungen und beantwortet ihre Fragen.

Teilnehmer

Die Besprechungsteilnehmer bringen klar und vollständig ihren Standpunkt ein, hören aufmerksam zu und nehmen auf, was andere zu sagen haben.

Autoritätsperson

Im Idealfall sollte in einer kreativen Sitzung jener Teilnehmer, der die höchste berufliche Stellung innehat, mit den anderen auf gleicher Ebene stehen. In der Praxis ist das oft nicht möglich, deshalb ist es empfehlenswert, der Autoritätsperson die Rolle eines »Teilnehmers mit Sonderstatus« zuzuteilen, der das letzte Wort in der Besprechung hat. Da man Chefs gegenüber im allgemeinen die Erwartungshaltung hat, daß sie ihre Entscheidungsbefugnis einsetzen, wirkt sich die Ernennung eines Chefs zum Diskussionsleiter (der ja neutral bleiben soll) meist hinderlich für ein Klima des freien und offenen Meinungsaustausches aus.

3.4 Der Moderator

Die größte Herausforderung in einer Sitzung ist die Rolle des Moderators, der die Teilnehmer führt, aber das Gesagte in keiner Weise bewertet. Wer den Dialog im Griff haben möchte, muß folgende 3 Phasen beachten:

- Sitzung einleiten –
  die Diskussion zweier Teilnehmer bzw. der ganzen Gruppe initiieren;
- Sitzung leiten –
  den begonnenen Dialog in die richtige Richtung leiten, und
- Sitzung beenden –
  zusammenfassen, zu einem Ende führen, die Leute zum Aufhören bewegen, sobald sie alles gesagt haben.

Alle diese Sonderaufgaben sind in der folgenden Checkliste »Fähigkeiten, die ein Moderator haben sollte« zusammengefaßt. Bewerten Sie mit der Checkliste die Effektivität eines Ihnen bekannten Moderators, und finden Sie heraus, in welchen Punkten er sich noch verbessern sollte.

Checkliste: »Fähigkeiten, die ein Moderator haben sollte«

Beim Einleiten der Sitzung ...

- schon vor Beginn über die Themen Bescheid wissen
- leicht verständliches Beweis- und Überblicksmaterial bereit haben
- das Wort ergreifen und die Teilnehmer zur Ruhe bringen
- die Punkte der Tagesordnung ankündigen
- die Themen und Probleme klar beim Namen nennen
- realistische Zeitbegrenzungen vorgeben
- mittels geeigneter Fragen die Gruppe zum Überlegen anregen
- jeden mit seinem Namen ansprechen
- eine Rednerliste führen
- beobachten, wer etwas sagen möchte, und jenem das Wort erteilen

Beim Leiten der Sitzung ...

- allen Teilnehmern aufmerksam zuhören
- Gedankenpausen zulassen und Teilnehmern Zeit zum Überlegen geben
- Anzeichen und Körpersprache der Teilnehmer richtig deuten
- neutral bleiben, damit alle Vorschläge akzeptiert werden können
- Einfühlung beweisen und auf die allgemeine Stimmung eingehen, damit die Diskussion nicht ins Stocken gerät

o auch in die laufende Diskussion neue Standpunkte einbringen
o sich an die Tagesordnung halten und die Diskussion in die richtigen Bahnen lenken
o das jeweilige Thema immer wieder nennen, damit die Gruppe ihr Interesse nicht auf andere Fragen richtet
o die Diskussion in die gewünschte Richtung verlaufen lassen
o Meinungen verdeutlichen und Fragen noch einmal formulieren
o sich nicht in Interaktionen einmischen
o provokante Fragen an die ganze Gruppe weitergeben
o die Beteiligung der verschiedenen Teilnehmer ausgleichen
o die Teilnehmer aus der Reserve locken, besonders jene, die sehr zurückhaltend sind
o zwischen kontroversiellen Standpunkten vermitteln, damit alle einander akzeptieren
o zu Rande kommen mit Zerstreutheit, Abschweifungen und Ablenkungen der Teilnehmer
o die Uhr im Auge behalten und an vereinbarte Zeitbegrenzungen erinnern

Beim Beenden der Sitzung ...

o bestätigen, daß Sie verstanden haben, was die einzelnen Teilnehmer sagen wollten
o gewährleisten, daß jeder Teilnehmer seine Ausführungen beenden kann
o verhindern, daß Teilnehmer zum falschen Zeitpunkt das Wort ergreifen
o Personen einbremsen, die immer wieder das gleiche sagen
o einzelne Teilnehmer vor besonders angriffslustigen Personen in Schutz nehmen
o jene, die ständig die Diskussion dominieren möchten, wissen lassen, daß dies unerwünscht ist
o sicherstellen, daß jene, die Fragen stellen, auch befriedigende Antworten erhalten
o rechtzeitig ankündigen, wenn Sie sich dem Diskussions-Zeitlimit nähern
o das Erreichte zusammenfassen
o wissen, daß es Zeit ist, zu einem Ende zu kommen, wenn sich die Themen bereits wiederholen
o darauf achten, ob ein Konsens erreicht wird, und alle Teilnehmer darauf hinweisen
o auf Entscheidungen drängen und eine Zusammenfassung vorschlagen

3.5 Besprechungen dokumentieren

Meister auf dem Gebiet der Problemlösung und Entscheidungsfindung machen sich stets genaue, leserliche und aktuelle Notizen. Besonders in Gruppensitzungen ist dies sehr wichtig. Die echten Vorteile einer guten Mitschrift bemerkt man oft erst im späteren Verlauf des PL/EF-Prozesses.

   Aufgrund des für Problemsituationen typischen Faktors der Verwirrung werden besonders zu Beginn des Problemlösungsprozesses Informationen der verschiedensten Art durcheinandergebracht. Warum soll man im nachhinein Zeit damit vergeuden, die einzelnen Punkte zu ordnen? Wenn Sie gleich von Beginn an alle Punkte geordnet niederschreiben, werden Sie schneller zu einer Entscheidung kommen als mit einer unübersichtlichen Mitschrift.

Vorteile einer Mitschrift

Im folgenden sind die Vorteile einer guten und übersichtlichen Mitschrift angeführt:

- ermöglicht eine klarere, genauere Gesprächsführung
- erkennt die einzelnen Beiträge formell an
- hält Informationen für den späteren Gebrauch fest
- gibt einen fixen Ansatzpunkt für später vor
- hält die Geschehnisse für die »Nachwelt« fest
- ermöglicht auch Außenstehenden, den Problemlösungsprozeß nachzuvollziehen
- belegt, welche Analysemethode verwendet wurde
- fördert die gleichmäßige Beteiligung aller Anwesenden

Hilfreiche Vorgangsweise zur Protokollierung

Die folgenden Arbeitstechniken können Ihnen das schriftliche Festhalten des Besprechungsablaufes erleichtern. Welche möchten Sie persönlich anwenden?

- ○ Befestigen Sie einzelne Seiten oder größere Papierbögen mit Klebestreifen an Fenster oder Wand, und halten Sie darauf den Besprechungsverlauf fest.
- ○ Schreiben Sie alles, was gesagt oder entschieden wird, auf ein Flipchart.
- ○ Verwenden Sie Kurzfassungen bzw. Stichworte, die die Bedeutung längerer Inhalte wiedergeben.
- ○ Übertragen Sie die Aufgabe der Protokollierung an verschiedene Besprechungs-teilnehmer.
- ○ Nehmen Sie heikle Sitzungen mit dem Kassettenrecorder auf, und lassen Sie die Kassetten dann ins Schriftliche übertragen.
- ○ Übergeben Sie die Protokollführung einem Teilnehmer, der gut stenographieren kann.

3.6 Bewerten Sie Ihre nächste Besprechung

Wenn Sie das nächste Mal an einer Besprechung teilnehmen, versuchen Sie die Rollen der einzelnen Teilnehmer unter die Lupe zu nehmen. Bitten Sie alle Teilnehmer, im Anschluß an die Besprechung den folgenden Fragebogen auszufüllen. Dann diskutieren Sie gemeinsam die Antworten der einzelnen. Es geht darum, herauszufinden, wie in einer bestimmten Gruppe bestmöglichst kommuniziert werden kann. Sie stellen entweder fest, daß jeder einzelne Teilnehmer ganz bewußt eine bestimmte Rolle bzw. Aufgabe erfüllt hat, oder Sie merken, daß Sie künftig eine bessere Aufgabeneinteilung vornehmen sollten.

Fragebogen: »Die Gruppe im Problemlösungsprozeß«

1. Auf welche Weise wurde die Tagesordnung erstellt?

_____

_____

2. Wer leitete die Sitzung? Warum?

_____

_____

3. Haben Sie schriftlich festgehalten, welche Themen angesprochen wurden?

_____

_____

4. Haben sich alle Teilnehmer aktiv beteiligt; wenn dies nicht der Fall war, warum nicht?

_____

_____

5. Wurde ein Konsens gefunden? Wenn dies nicht der Fall war, warum nicht?

_____

_____

Wenn Sie das nächste Mal an einer Problemlösungs- oder Entscheidungssitzung teilnehmen, füllen Sie bitte anschließend folgenden Fragebogen aus. Sie werden dann erkennen, an welchen Punkten diese Sitzung gelungen war und was verbessert werden sollte.

Bewertungsblatt für Besprechungen

Kriterium

Vorbereitung
Bewertung
(siehe Folgeseite)

1. Die Teilnehmer wurden rechtzeitig informiert,
   daß eine Sitzung abgehalten wird _____ 1 2 3 4 5
2. Die Teilnehmer wurden auf das Meeting vorbereitet,
   so daß sie wußten, welche Aufgaben sie übernehmen
   bzw. wie sie sonst einen Beitrag leisten könnten _____ 1 2 3 4 5
3. Die Teilnehmer waren bereit, gemeinsame Themen
   zu besprechen _____ 1 2 3 4 5
4. Der Besprechungsraum war angenehm und
   frei von Störungen jeder Art _____ 1 2 3 4 5
5. Die Besprechung begann pünktlich _____ 1 2 3 4 5
6. Die Tagesordnung war eindeutig und wurde
   allen Teilnehmern in entsprechender Weise
   bekanntgegeben _____ 1 2 3 4 5

Organisation

7. Man folgte der Tagesordnung unter Beibehaltung
   einer gewissen Flexibilität _____ 1 2 3 4 5
8. Man konzentrierte sich jeweils nur auf einen
   bestimmten Tagesordnungspunkt _____ 1 2 3 4 5
9. Alle verschiedenen Standpunkte in einer Sache wurden
   vollständig zur Sprache gebracht, bevor man zum
   nächsten Punkt überging _____ 1 2 3 4 5
10. Der Dialog verlief glatt, da die Teilnehmer in
    koordinierter Weise abwechselnd sprachen und
    einander zuhörten _____ 1 2 3 4 5
11. Das richtige Tempo hielt die Konzentration
    der Gruppe lebendig _____ 1 2 3 4 5

12. Die Teilnehmer trugen aktiv zu einem ausgeglichenen
    Meinungsaustausch bei _____ 1   2   3   4   5
13. Die Teilnehmer standen offen und ehrlich zu ihren
    Gedanken und Gefühlen _____ 1   2   3   4   5
14. Die Teilnehmer hörten den Ausführungen der anderen
    aufmerksam zu _____ 1   2   3   4   5
15. Die Teilnehmer reagierten direkt und konstruktiv auf
    Vorschläge der anderen _____ 1   2   3   4   5
16. Die Entfaltung von kreativer Energie und Gedanken
    förderte die völlige Offenheit der Teilnehmer _____ 1   2   3   4   5

Diskussionsklima

17. Das geistige und emotionale Niveau der Gruppe war hoch 1   2   3   4   5
18. Die Diskussion beschäftigte sich mit Problemen und
    deren Lösung, nicht mit Personen und deren Konflikten _ 1   2   3   4   5
19. Die Teilnehmer akzeptierten andere Standpunkte ohne
    verbale Attacken und nonverbale Formen der Ablehnung _ 1   2   3   4   5
20. Die Teilnehmer unterstützten den Diskussionsleiter
    und den Protokollführer bei ihren Aufgaben _____ 1   2   3   4   5
21. Störungen und Unterbrechungen wurden ohne viel
    Aufhebens übergangen _____ 1   2   3   4   5

Diskussionsende

22. Mit den abschließenden Beurteilungen wurde so lange
    gewartet, bis alle Beiträge angehört worden waren ____ 1   2   3   4   5
23. Kurze und prägnante Zusammenfassungen erwähnten
    alle Erfolge und bestätigten die Ergebnisse _____ 1   2   3   4   5
24. Die Diskussion zielte darauf ab, einen Konsens zu
    finden, und wurde nach Erreichen dieses Zieles beendet _ 1   2   3   4   5
25. Alle Aktionen wurden deutlich angekündigt und
    in Form eines Aktionsplanes schriftlich festgehalten ____ 1   2   3   4   5
26. Kontrollmechanismen (Follow-up-Methoden) wurden
    erstellt, um die Verwirklichung der Lösung im Auge
    zu behalten _____ 1   2   3   4   5
27. Die allgemeine Stimmung zu Besprechungsende
    war positiv und von gegenseitigem Verstehen
    gekennzeichnet _____ 1   2   3   4   5

Bewertung: 1 = sehr gut, 2 = gut, 3 = befriedigend, 4 = genügend, 5 = ungenügend

Teil 4:

Schritt 1 – Problemerkennung

Methode zur Problemlösung und Entscheidungsfindung

Teil 4:

Schritt 1:
Problemerkennung

Schritt 2:
Problembenennung

Schritt 3:
Analyse der Problemursache

Schritt 4:
Lösungsalternativen

Schritt 5:
Entscheidungsfindung

Schritt 6:
Aktionsplanung

4.1 Das Problem und seine Symptome

Zu Beginn jedes Problemlösungs- und Entscheidungsfindungsprozesses steht die Einsicht, daß eine Problemsituation vorliegt, die gelöst werden muß. Manche Probleme wachsen still und heimlich an und überraschen Sie durch ihr plötzliches Auftreten. Aber auch wenn ein Problem schon seit längerem offensichtlich ist, ist es vorteilhaft, mit Schritt 1 zu beginnen. Schritt 1 (Problemerkennung) zielt zuerst auf die »Spitze des Eisberges« ab.

● Die »Eisberg-« bzw. »80/20-Regel«

Egal, wie groß die Spitze eines Eisberges zu sein scheint, 80 Prozent des Eisberges befinden sich stets unter der Wasseroberfläche.

Dasselbe gilt auch für Probleme. Gleichgültig, wie ernst oder bedrohlich ein Problem beim ersten Hinsehen wirken mag: was Sie sehen, sind nur die Symptome eines tieferliegenden Problemkerns.

Derartige Symptome können trivial sein (wie z. B. ein geringfügiger Defekt) oder auch sehr ernst und zeitkritisch (wie z. B. sinkende Produktionszahlen). Dennoch sind sie stets nur Nebenerscheinungen jenes wahren Problems, das unter der Oberfläche zu suchen ist.

Die Eisberg-Regel soll Sie daran erinnern, daß Sie Geduld haben müssen. Sie müssen sich genug Zeit nehmen, um das Problem in seiner Gesamtheit zu erfassen, anstatt gleich zur Lösungssuche überzugehen. Die Parolen zu Schritt 1 lauten deshalb: »untersuchen«, »erforschen«, »erkunden«, »tabellarisch erfassen« und »genau unter die Lupe nehmen«.

● Beobachtete Symptome diskutieren

Die Phase der Problemerkennung beginnt oft mit einer Diskussion, in der alle Beteiligten beschreiben, welche Symptome sie beobachtet haben. Ein Eisberg kann ganz anders aussehen, wenn man ihn aus einem anderen Blickwinkel betrachtet. Zur objektiven Bewertung anderer Standpunkte ist es nötig, offen zu sein, zuzuhören und sich wirklich in den anderen einzufühlen. Es ist wünschenswert, so viele Informationen über das Problem »auf den Tisch« zu bringen wie nur möglich.

Im Verlauf einer solchen Eröffnungsdiskussion kann sich der Eindruck, den Sie anfänglich von einem Problem hatten, wesentlich verändern. Was zuerst wie ein technisches Problem ausgesehen haben mag (z. B. den Fehler in einem Computerprogramm zu entdecken), entpuppt sich vielleicht als persönlicher Konflikt zwischen Programmierern, die einander gegenseitig wichtige Informationen vorenthalten haben. Um ein Problem wirklich erfassen zu können, ist es von größter Wichtigkeit, die menschlichen Faktoren (Soft-Symptome) eines Problems herauszufinden. Zu den sogenannten »Soft-Symptomen« zählen Gefühle, konträre Ansichten, Frustration, verschiedenste Reaktionen und Gerüchte. Diese Symptome gehören nicht zu den Fakten (Hard-Symptome), spielen aber dennoch eine bedeutende Rolle. Im Zuge der Eröffnungsdiskussion sollten alle Auswirkungen und Folgeerscheinungen eines Problems genannt werden, die Soft-Symptome genauso wie die Hard-Symptome, und alle entscheidenden Standpunkte der Beteiligten dargelegt werden.

● Symptome in »Hard-« und »Soft-Daten« einteilen

Wenn alle Symptome schriftlich erfaßt sind, wird geprüft, ob sie der Gruppe der Soft- oder der Hard-Symptome zuzuordnen sind.

Hard-Daten

Fakten, Ergebnisse, Ereignisse, historische Tatsachen, Statistiken, Kräfte, Ziele, Vorgänge, physikalische Phänomene, belegbare Abweichungen, Zeitfaktoren, Tendenzen, Produktivität, Qualitäts- und Leistungsniveaus.

Soft-Daten

Gefühle, Meinungen, menschliche Faktoren, Reibungen, Haltungen, Zufriedenheitsquoten, Belastungen, Frustrationen, persönliche Konflikte, Verhaltensweisen, Gerüchte, Intuition, rein gefühlsmäßige Reaktionen, mentale Barrieren.

● Wie viele Symptome?

Wie weit geht die Phase der Problemerkennung? Man könnte sagen, das Ziel dieser Phase ist es, alle Fakten (Hard-Symptome) und alle Gefühle (Soft-Symptome) zusammenzutragen. Die Schwierigkeit besteht jedoch darin, zu wissen, wann Sie wirklich alles genannt haben. (Genaugenommen setzt sich der Vorgang des Zusammentragens von Fakten und Eindrücken während aller Schritte des PL/EF-Prozesses fort.)

Als allgemeine Richtlinie könnte man sagen, Schritt 1 ist dann als beendet anzusehen, wenn alle Beteiligten darin übereinstimmen, daß ein Problem einer Lösung bedarf, alle Erfahrungen in die Diskussion eingebracht, aufgelistet und den beiden Kategorien (Soft oder Hard) zugeordnet wurden.

4.2 Techniken zur Problemerkennung

Es gibt vier Techniken, die dabei helfen, ein Problem laut Schritt 1 zu erkennen:

- Zuordnung der Symptome
- Methoden zur weiteren Untersuchung
- Befragungen zur Erfassung von Daten
- Brainstorming aller Beteiligten

In verschiedenen Situationen können jeweils andere Techniken sinnvoll sein. Beobachten Sie, ob die Teilnehmer das Bedürfnis haben, ihren Frustrationen Luft zu machen. Probleme lösen und Entscheidungen finden zu müssen, kann sehr belastend sein; manche der Beteiligten haben vielleicht das Bedürfnis, sich emotionell abzureagieren. Für jene, die zuhören müssen, ist das nicht immer angenehm. Dennoch zahlt sich dies aus, denn wenn die »dicke Luft« erst einmal abgelassen worden ist, legen die Teilnehmer im allgemeinen wieder mehr Rationalität und Kooperation an den Tag.

Sehen wir uns die vier oben genannten Techniken einzeln an:

4.2.1 Zuordnung der Symptome

Die Symptom-Liste ist ein einfaches Arbeitsblatt, auf dem alle sichtbaren Manifestationen, Folgeerscheinungen und Auswirkungen eines Problems fest-gehalten werden. Diese Liste wird aufgrund der Diskussion erstellt – alle Beteiligten beschreiben ihre bisherigen Eindrücke, die schriftlich festgehalten werden.

Nachfolgend sehen Sie eine Symptom-Liste mit einigen Fakten der Fallstudie »Consumer Tech« von S 15.

Symptom	Hard	Soft
Derzeitiges Produkt verkauft sich gut	⊗	○
Neues Produkt stellt dramatische Verbesserung dar	⊗	○
Die Technikabteilung befürwortet eine sofortige Umstellung	○	⊗
Die Produktionsabteilung hat noch Probleme mit einzelnen Komponenten	⊗	○
Laut Testergebnissen läßt die Qualität zu wünschen übrig	⊗	○
Der Marketingleiter möchte das neue Produkt bereits auf den Markt bringen	○	⊗
Der Finanzleiter sorgt sich um die großen Lagerbestände an »alten« Zahnbürsten	⊗	⊗
Verschiedene Meetings verlaufen ergebnislos	○	⊗
Hitzige Wortgefechte	○	⊗

Teilen Sie nun die Daten in die Kategorien »Hard« und »Soft« ein. Es entfallen meist nicht gleich viele Fakten auf beide Kategorien, dennoch müssen stets beide beachtet werden.

Die folgende Liste können Sie dazu benützen, alle Fakten Ihrer »Persönlichen Fallstudie« nach »Hard« und »Soft« zu unterscheiden.

Symptom	Hard	Soft
	O	O
	O	O
	O	O
	O	O
	O	O
	O	O
	O	O
	O	O
	O	O
	O	O
	O	O
	O	O
	O	O
	O	O
	O	O
	O	O
	O	O
	O	O

4.2.2 Methoden zur weiteren Untersuchung

Der Prozeß der Datenerfassung wird Ihnen dabei helfen, den Hintergrund und die Auswirkungen des Problems systematisch zu untersuchen. Dieser Prozeß gliedert sich in zehn Einzelschritte zur Untersuchung und Erfassung eines Problems. Das Arbeitsblatt auf der nächsten Seite enthält unter anderem auch eine Reihe verschiedener Untersuchungsmethoden. Weiters finden Sie auf Seite 38 auch eine Aufzählung möglicher Zieldaten.

Prozeß der Datenerfassung

Finden Sie heraus, welche Art der Information zur Definition des Problems nötig sein könnte.

Wählen Sie jene Methoden zur Datenerfassung, die dieser Art von Information am besten entsprechen.

Definieren Sie die Zieldaten, die Sie durch die Anwendung einer bestimmten Methode zu erhalten hoffen.
(Vgl. »Aufzählung der Zieldaten«.)

Erfassen Sie die benötigten Daten.

Analysieren Sie die Daten hinsichtlich eines gewissen Schemas.

Wählen Sie eine Methode zur Bestätigung der Analyse, wie z. B. ein Experiment oder eine gezielte Datenerfassungsmethode.

Sammeln Sie Daten, die die Gültigkeit des Schemas bestätigen.

Dokumentieren Sie die Daten und die Analyse in leicht verständlicher Form.

Überlegen Sie sich eine Visualisierungsmethode für eine Präsentation Ihrer Analyse vor anderen.

Präsentieren Sie Ihre Daten und die Analyse.

Arbeitsblatt zur Datenerfassung

Um Ihr gewünschtes Ziel zu erreichen, sollten Sie zuerst festlegen, welche Zieldaten Sie anstreben, und Ihre Erfassungsmethode danach ausrichten.

Allgemeine Informationen, die zur Problemdefinition nötig sind

_____

_____

_____

_____

_____

_____

_____

_____

_____

_____

Datenerfassungsmethode   **Bestimmte Zieldaten**

Fragebögen
Einzelbefragungen
Produktionsstatistiken   _____
Qualitätsstatistiken
Finanzstatistiken   _____
Arbeitsstichproben
Technische Experimente   _____
Zeit-/Bewegungsstudien
Listen zum Ankreuzen   _____
Schwerpunktgruppen
Andere Methoden: _____

_____   _____

Beispiele für Zieldaten

Ergebnisse

- o Produktionsniveaus
- o Qualitätsniveaus
- o Fehler- und Neubearbeitungsquoten
- o Zufriedenheit der Kunden

- o Leistung gemessen an Leistungszielen
- o Ausgaben gemessen am Budget
- o Profitspanne
- o Investitionsrentabilität

Ressourcen

- o Personal und Ausbildung
- o Zeit
- o Kapital
- o Produktionskapazität

- o Raumkapazität
- o Ausstattung
- o Lagerbestände

Organisation

- o Struktur und Funktion
- o Aufgaben und Verantwortungs-
  bereiche
- o Personalstrategien
- o Leistung des Managements
- o strategisches Planungssystem
- o firmenübliches Kommunikationssystem

- o System zur Informierung des
  Managements
- o Führungsstil der Firmenleitung und
  Firmengepflogenheiten
- o Arbeitsmoral

Äußere Faktoren

- o andere Branchen
- o Lieferanten
- o Arbeitnehmer
- o Wirtschaft/Industrie
- o neue Technologien
- o Marktanteile

- o Arbeitsmarkt
- o Ausbildungseinrichtungen
- o Politik
- o Konkurrenten
- o PR-Politik der Firma

Verpflichtungen

- o Aktionäre
- o vertragliche Übereinkommen
- o Gesetzesauflagen
- o Kollektivverträge und Arbeitsgesetze
- o Regierungsbestimmungen

- o Umweltschutzüberlegungen
- o soziale Verantwortlichkeit
- o finanzielle Aufwendungen
- o Kranken- und Sozialleistungen

4.2.3 Befragungen zur Datenerfassung

Im Normalfall stehen jener Person bzw. Gruppe, die ein Problem nach der PL/EF-Methode lösen möchte, nicht alle relevanten Daten zur Verfügung. Die Phase der Datenbeschaffung kann sich über einige Zeit hinziehen. Oft werden zum Zweck der Datenerfassung zahlreiche Einzelbefragungen oder Gruppensitzungen durchgeführt.

Einzelbefragungen zur Datenerfassung zielen auf ganz bestimmte Ergebnisse ab, während man in Diskussionen zu verstehen versucht, aus welcher Sicht die einzelnen Teilnehmer das Problem betrachten. Der Interviewer stellt Fragen, hört zu und hält alles schriftlich fest, spricht jedoch selbst nicht viel. Es ist entscheidend, schon vor der Befragung zu wissen, welche Fragen gestellt werden sollen.

Die Checkliste »Fragen zur Aufdeckung von Problemen«, die Sie auf der nächsten Seite finden, bringt Vorschläge für zweckmäßige Fragestellungen. Auf diese Checkliste können Sie bei der Vorbereitung von Datenerfassungsbefragungen zurückgreifen. Ob Sie nun versuchen, ein Problem aufzudecken, über dessen Existenz sich jemand noch nicht richtig bewußt ist, oder ob Sie eine Gruppe vor sich haben, die die Situation noch nicht im richtigen Licht sieht – wählen Sie jeweils jene Fragen aus, die Ihnen mit größter Wahrscheinlichkeit die nötigen Informationen einbringen werden.

Denken Sie daran, daß Befragungen meist ineffizient oder unproduktiv sind, wenn man nicht schon im vorhinein eine sorgfältige Strukturierung der Befragung vornimmt. Einzelbefragungen sind zeitaufwendig – umfangreiche Aufzeichnungen zu analysieren kostet ebenfalls viel Zeit. Trotzdem ist es eine unbestrittene Tatsache, daß Sie mittels Einzelbefragungen die verläßlichsten Informationen erhalten; deshalb sollte dieser Befragungsstil stets ernsthaft in Betracht gezogen werden.

4.2.4 Brainstorming der Beteiligten

Im Vergleich zu Einzelbefragungen bringt es eine beträchtliche Zeitersparnis, eine Gruppe von Betroffenen zu einer Brainstorming-Sitzung zusammenkommen zu lassen. Brainstorming ist eine kreative Art der Diskussion, bei der die Teilnehmer jeweils auf den Beiträgen der anderen aufbauen und so gemeinsam ein umfassendes Bild der Lage zeichnen können. Wie für die Einzelbefragung ist auch für Brainstorming-Sitzungen eine gute Planung und Vorbereitung unbedingte Voraussetzung. Während des Brainstormings muß der Moderator darauf achten, daß die Teilnehmerbeiträge sich am gewünschten Schwerpunkt orientieren.

Die Frage »Was wissen wir über dieses Problem?« (sowie mögliche andere Fragen aus der Liste der Fragen zur Aufdeckung von Problemen) ist ein guter Ansatzpunkt für ein Brainstorming zur Datenerfassung. Durch effektives Brainstorming können erstaunliche Kreativitätspotentiale mittels gemeinsamer Energie erschlossen werden.

Fragen zur Aufdeckung von Problemen

Wählen Sie aus, welche Fragen Sie bei Ihren Problemen im Zusammenhang mit der Lösungsfindung stellen würden:

- Wie läuft es so?
- Welche Probleme hatten Sie in letzter Zeit?
- Sie erscheinen in letzter Zeit so beunruhigt/verärgert/besorgt. Was ist los?
- Was war Ihrer Meinung nach noch vor kurzem anders hier?
- Was hat sich verändert?
- Wie geht es Ihrer Arbeit?
- Wo brauchen Sie Hilfe?
- Womit sind Sie zufrieden/unzufrieden?
- Was finden Sie verwirrend?
- Wie stehen Sie zu dieser Frage?
- Was bedrückt Sie?
- Ich habe in letzter Zeit bemerkt, daß Sie oft zu spät kommen (langsam arbeiten/sich nicht mehr so sehr bemühen). Wie sehen Sie selbst das?
- Sie sind irgendwie nicht mehr ganz der Alte. Wie kommt das?
- Was meinen Sie zu diesem Konflikt/dieser Situation?
- Welche Meinung haben Sie in diesem Punkt?
- Welche Spannungen (Probleme/Unstimmigkeiten/Mißverständnisse/Konflikte/ Schwierigkeiten) haben Sie in letzter Zeit bemerkt?
- Wie bewerten Sie diese Situation?
- Inwieweit haben unsere Ansichten in der letzten Zeit übereingestimmt?
- Worin unterscheiden sich unsere Ansichten Ihrer Meinung nach?
- Was habe ich getan, das Sie ablehnen (mit dem Sie nicht einverstanden sind/ das Sie nicht mögen/das Sie nicht verstehen/das Sie durcheinanderbringt)?
- Was an Ihrem Standpunkt/Ihrer Ansicht habe ich Ihrer Meinung nach nicht verstanden?
- Wie schätzen Sie unsere Erfolgschancen auf diesem Gebiet ein?
- Welche Ideen und Vorschläge haben Sie bezüglich dieses Projektes?
- Auf welchem Gebiet haben Sie Vertrauen/fehlt Ihnen das nötige Vertrauen?
- Was stört Sie?
- Was ist passiert?
- Was ist los?
- Wen betrifft das, und inwiefern?
- Wie beurteilen Sie, was vorgeht?
- Wie wirkt sich dieses Problem auf Sie aus?

Brainstorming-Richtlinien

Sie finden im folgenden einige hilfreiche Richtlinien für Brainstorming-Sitzungen. Wenn diese Methode Erfolg haben soll, kommt dem Moderator eine noch wichtigere Rolle zu als sonst. Sobald die Teilnehmer Aussagen bewerten, d. h. negativ oder auch positiv reagieren, oder den Beiträgen anderer mit Mißbilligung, Abwertung begegnen, muß das Brainstorming als gescheitert angesehen werden.

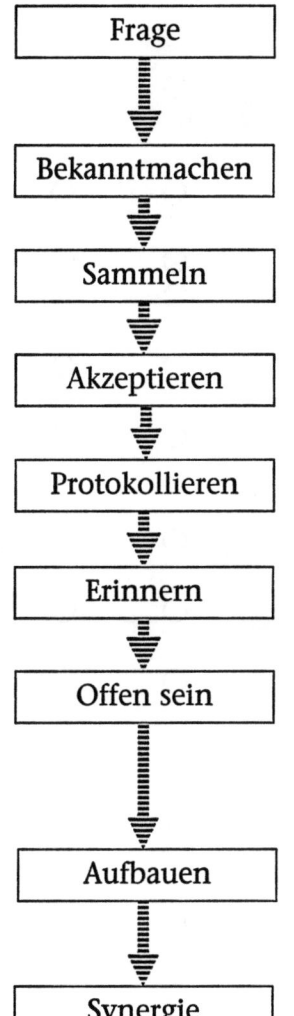

Frage — Der Moderator legt den Schwerpunkt der Sitzung in aller Deutlichkeit dar – die Schlüsselfrage, die von allen Teilnehmern beantwortet werden soll.

Bekanntmachen — Der Protokollführer fixiert diese Frage auf einem Flipchart, einem großen Bogen Papier, ...

Sammeln — Alle Teilnehmer sammeln so viele Gedanken wie nur möglich.

Akzeptieren — Alle Gedanken, so unmöglich oder verrückt sie auch sein mögen, werden akzeptiert.

Protokollieren — Es wird alles visualisiert, jeder Gedanke wird auf einem Flipchart festgehalten.

Erinnern — Der Moderator erinnert immer wieder an die Schlüsselfrage, um den Prozeß in die richtige Richtung zu leiten.

Offen sein — Der Moderator erinnert die Teilnehmer – wenn notwendig –, daß keine Korrektur, Kritik oder Prüfung auf Anwendbarkeit sowie keine direkte oder indirekte Beeinflussung erlaubt ist, solange der Brainstorming-Prozeß läuft.

Aufbauen — Die einzelnen Teilnehmer bauen auf den Gedanken anderer auf. So entstehen neue Ideen nach dem sogenannten Schneeballsystem.

Synergie — Durch die konzentrierte Zusammenarbeit in der Gruppe wird das kreative Potential, das in jedem Teilnehmer schlummert, geweckt und zu Kettenreaktionen verbunden. Synergie ist ein gemeinsames und kooperatives Vorgehen, das produktiver ist als die beste Einzelleistung.

Halten Sie sich an die Brainstorming-Richtlinien, und bewerten Sie mit der folgenden Checkliste den Erfolg Ihrer Brainstorming-Sitzungen.

Checkliste Brainstorming

Richtlinie	Ja	Nein
1. Wurde die Frage in aller *Deutlichkeit* gestellt und an einer für alle *ersichtlichen* Stelle angebracht? _____	O	O
2. Wurden die Teilnehmer aufgrund Ihrer Körpersprache und Einstellung *aus der Reserve* gelockt? _____	O	O
3. Wurde nur so lange *gefragt* und *animiert*, als dies wirklich nötig war? _____	O	O
4. Wurden alle Beiträge *anerkannt*? _____	O	O
5. Wurden alle Teilnehmer zu ausgewogener Beteiligung *ermuntert*? _____	O	O
6. Wurden stets alle Beiträge *schriftlich* festgehalten? _____	O	O
7. Unterstützte die Gruppe die Protokollführung, wenn es darum ging, gewisse Schlüsselgedanken *genau festzuhalten*? _____	O	O
8. Verlief das Brainstorming in die *gewünschte* Richtung? _____	O	O
9. Bauten die einzelnen Beiträge *konstruktiv* aufeinander auf? _____	O	O
10. Wurden bei Nachlassen der allgemeinen Kreativität *neue Standpunkte* vorgeschlagen? _____	O	O
11. Blieb der Moderator wirklich *neutral* und vermied jegliche Bewertung oder Beeinflussung der Diskussion nach seinen Wünschen? _____	O	O
12. Wurde gemäß den Grundregeln des Brainstormings jeder Versuch, andere Meinungen zu *korrigieren*, zu *kritisieren* oder zu *bewerten*, sofort *abgeblockt*? _____	O	O
13. Blieb die Gruppe während des ganzen Vorgangs *motiviert* und *konzentriert*? _____	O	O
14. Wurde irgendein *anerkannter* Konsens *gefunden*? _____	O	O

Teil 5:

Schritt 2 – Problembenennung

	Methode zur Problemlösung und Entscheidungsfindung
	Schritt 1: Problemerkennung
Teil 5:	Schritt 2: Problembenennung
	Schritt 3: Analyse der Problemursache
	Schritt 4: Lösungsalternativen
	Schritt 5: Entscheidungsfindung
	Schritt 6: Aktionsplanung

5.1 Richtigkeit der Problemsicht

Wenn Sie Schritt 1 beendet haben, sollten Sie über problembezogene Daten in Hülle und Fülle verfügen. Diese Daten können jedoch auch zur allgemeinen Verwirrung beitragen, so daß Sie noch immer nicht wissen, um welche Art von Problem es sich eigentlich handelt. Manchmal interpretieren die verschiedenen Betroffenen dieselbe Angelegenheit ganz unterschiedlich.

Nach einer Sitzung zur Problemerkennung bei der Firma Consumer Tech bezeichneten einige das Problem als »Schwierigkeiten bei der Erzeugung«, andere als »Marketingproblem«. Wieder andere betrachteten es als kleine Meinungsverschiedenheit. Ein außenstehender Wirtschaftsfachmann würde es wohl als Planungsproblem bezeichnen. Jede dieser Bezeichnungen ist in irgendeiner Weise berechtigt.

Ein Problem wirkt nach jeder Seite anders. Die Betroffenen beschreiben es oft mit ganz verschiedenen Worten, obwohl Sie grundsätzlich über dasselbe sprechen. Gleichgültig, ob die verschiedenen Meinungen nun in kleinen Details oder in den Hauptpunkten differieren: jeder Zwiespalt blockiert die Zusammenarbeit, die zur Lösung des Problems so wichtig wäre.

● Zum zweiten Mal: die »Eisberg-Regel«

Dieser Unterschied in der Sichtweise kann auch »Rettungsboot-Folgerung der Eisberg-Regel« genannt werden. (Die Rettungsboot-Folgerung ist eine logische Ableitung der sogenannten Eisberg-Regel.)

Die Leute, die in den beiden Rettungsbooten sitzen, sehen das Hindernis, das die Schuld am Untergang ihres Ozeandampfers trägt, aus verschiedenen Blickwinkeln. Die Rettungsboot-Folgerung besagt also, daß es in diesem Fall nicht möglich ist, sich auf eine gemeinsame Beschreibung zu einigen. Ein gutes Beispiel dafür ist auch ein Vorgesetzter, der behauptet, ein Angestellter zeige eine negative Haltung. In den meisten Fällen wird der Angestellte ihm nicht zustimmen, sondern das Gefühl haben, daß der Chef ein gestörtes Verhältnis zu ihm hat.

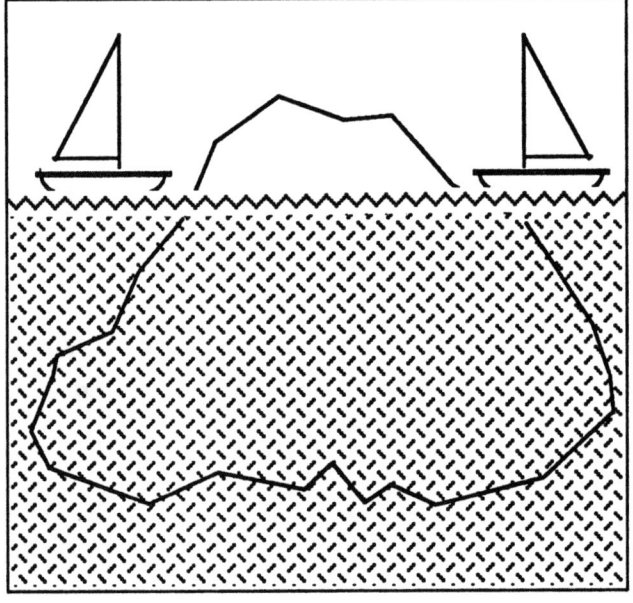

5.2 Was ist eine Problembezeichnung?

In Schritt 2 wollen wir versuchen, beide Seiten eines Konfliktes zu erkennen und zu benennen, und zwar so, daß alle es akzeptieren können. Eine Problembezeichnung kann ein Satz sein, in dem ein Hauptaspekt oder ein Haupthindernis hervorgehoben wird. Er sollte beschreiben, wodurch die Lage beeinträchtigt ist, was verändert werden sollte und welche Ausmaße das Problem hat.

Für unsere Fallstudie »Consumer Tech« könnte eine von allen Beteiligten akzeptierte Bezeichnung folgendermaßen aussehen: »Diskrepanz hinsichtlich der Frage, was mit dem neuen Produkt geschehen soll. Die eine Seite ist für eine sofortige Einführung auf dem Markt, die andere plädiert für eine Einführungsstrategie mit mehr Methode.«

Das Ergebnis der Suche nach einer Problembezeichnung ist ein einfaches, von allen Seiten akzeptiertes Statement, das die verschiedenen Aspekte des Problems auf einen gemeinsamen Nenner bringt. Sie müssen herausfinden, wo der Kern des Problems liegt – daraus ergibt sich meist eine Bezeichnung, die das Problem in einer für alle Beteiligten akzeptablen Weise charakterisiert.

Wozu all die Mühe?

Warum soll man sich die Mühe machen, eine einheitliche Bezeichnung für ein Problem zu erarbeiten? Eine Bezeichnung kann während des gesamten Lösungs- und Entscheidungsprozesses als Ansatzpunkt dienen.

Eine Problembezeichnung ist wie eine Fahne auf der Spitze des Eisberges, die von beiden Rettungsbooten aus gesehen werden kann. Der Pfeil in der Verlängerung des Fahnenmastes symbolisiert, daß die Bezeichnung einen gewissen Bezug zum versteckten Teil des Eisberges herstellen, also das Problem in seinem wirklichen Ausmaß verdeutlichen soll.

Noch wichtiger ist es, daß alle verschiedenen Seiten sich darüber einig werden, *was* eigentlich gelöst werden soll. Jede Form von Diskrepanz in diesem Punkt zerstört alle Chancen auf eine logische Analyse im Verlauf von Schritt 3. Nur wenn alle Beteiligten sagen können: »Ja, diese Benennung trifft das Problem genau«, dann nehmen Sie innerlich auch Anteil daran und wollen wirklich zu seiner Lösung beitragen.

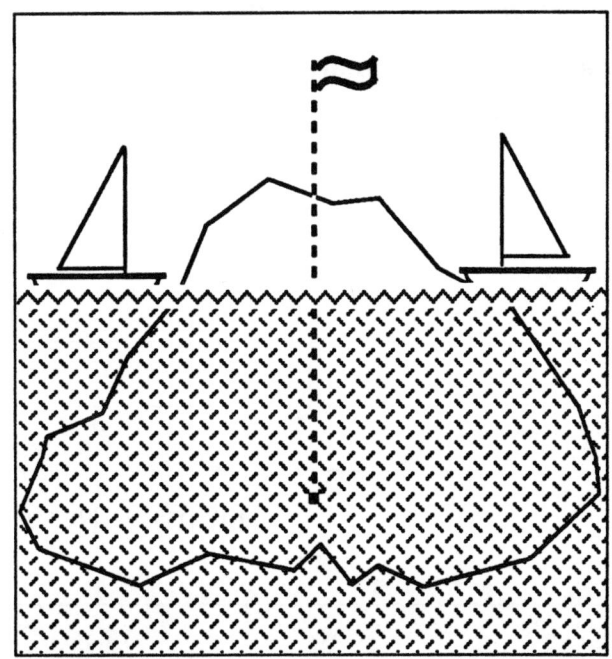

5.3 Wie eine Bezeichnung gefunden werden kann

Es gibt vier Methoden, die Ihnen bei der Suche nach einer Problembezeichnung helfen können:

- Analyse der Daten
- Brainstorming
- Kraftfeld-Analyse
- Analyse der Schlüsselbegriffe

Sehen wir uns jede einzelne dieser Methoden genauer an:

5.3.1 Analyse der Daten

Die direkteste Methode, eine brauchbare Bezeichnung zu finden, besteht darin, alle Symptome auf einen gemeinsamen Nenner zu bringen. Das Arbeitsblatt »Datenanalyse« hilft Ihnen dabei. Sie sollten folgendermaßen vorgehen:
Tragen Sie in der linken Spalte die Symptome ein. Suchen Sie nach einem gewissen Schema. Überprüfen Sie die Symptome hinsichtlich öfter vorkommender Faktoren. Teilen Sie die Symptome in bestimmte Kategorien ein, um den Typ des vorliegenden Problems herauszufinden. Probleme können beispielsweise technischer, arbeitstechnischer, zwischenmenschlicher, organisatorischer, personeller, politischer, zeitlicher, finanzieller, ... Art sein. Suchen Sie nach gemeinsamen Nennern, bis der Kern des Problems feststeht.

Arbeitsblatt Datenanalyse

Symptom	Typ	Zusammenhänge
_____	_____	_____
_____	_____	_____
_____	_____	_____
_____	_____	_____
_____	_____	_____

gemeinsame Nenner/Schemen

_____

_____

5.3.2 Brainstorming

Verwenden Sie eines der folgenden Arbeitsblätter zur Erarbeitung einer Problembezeichnung. Eine in Brainstorming-Sitzungen gerne gestellte Frage lautet:

> *»Inwiefern sind die Dinge anders, als sie sein sollten?«*

Weitere geeignete Fragen sind:

> *»Worin liegt das Problem?«*
> *»Was ist der Kern des Problems?«*
> *»Inwiefern unterscheidet sich die Realität von der Idealvorstellung?«*
> *»Was wollen Sie lösen oder aus dem Weg räumen?«*
> *»In welche Art von Problem sind Sie verwickelt?«*
> *»In welchen Gedanken- oder Interessenkonflikt sind Sie verwickelt?«*

Gehen Sie sicher, daß Sie beide Aspekte des Konfliktes definieren. Um dies zu erreichen, definieren Sie, welche konkrete Situation Sie gerne verändern möchten und was dieser Veränderung im Weg steht. Der Satz »Rekordhitze im August« wird erst zur Problembezeichnung, indem man hinzufügt »schädigt unseren Garten«. Die andere Seite des Problems könnte auch heißen »ist schuld am Tod älterer Menschen, die sich keine Klimaanlagen leisten können« – wodurch Sie sehen, wie eine etwas andere Bezeichnung zu einer völligen Verlagerung des Schwerpunktes führen kann.

Das folgende Arbeitsblatt gibt Beispiele für Problembezeichnungen, die bei einem Problemlösungsworkshop erarbeitet wurden.

Arbeitsblatt »Beispiele für Problembezeichnungen«
(erarbeitet in einem Problemlösungsworkshop)

> *»Wir können der Kundenforderung nach pünktlicher Lieferung der Dokumentation der neuen Software nicht nachkommen, wenn ständig in letzter Minute technische Änderungen auftreten.«*
> *»Mangelnde Kommunikation bei Schichtwechsel erschwert der nächsten Schicht den effizienten Umgang mit ungelösten Problemen.«*
> *»Ich habe eine neue Stellung und brauche Anweisungen, um meine Aufgabe mit Erfolg erfüllen zu können. Mein Vorgesetzter unterschätzt mich aber und unterstützt meinen Wunsch nach Verbesserung nicht.«*
> *»Das neue Softwareprogramm entspricht nicht den gestellten Anforderungen und kann nicht rechtzeitig geändert werden, um die angekündigte einmonatige Lieferfrist einzuhalten.«*

»Ich muß mit einem Kollegen zusammenarbeiten – doch wir können einander nicht ausstehen.«

»Wir brauchen das Buchungsprogramm, um pünktlich Rechnungen ausstellen zu können, aber gleichgültig, was wir tun, das Programm bricht dauernd zusammen.«

»Die Arbeiten, die ich zur Erledigung zugeteilt bekomme, übersteigen bei weitem das Maß dessen, was in kurzer Zeit zufriedenstellend erledigt werden kann, und dennoch tragen alle den Vermerk »höchste Priorität« und »so bald als möglich erledigen!«.

»Wir müssen ein Kundenproblem telefonisch entgegennehmen, aber der Kunde ist zu emotional, um vernünftige Angaben machen zu können.«

Nachfolgend finden Sie ein Arbeitsblatt, auf dem Sie Bezeichnungen für Ihre persönlichen Probleme erstellen können.

Arbeitsblatt »Problembezeichnungen«

_____

_____

_____

_____

_____

_____

_____

_____

_____

_____

_____

5.3.3 Kraftfeld-Analyse

Die folgende Methode, mit der Sie in zwei Spalten analysieren, welche Kräfte bei einem Problem wirksam sind, wird Ihnen bei der Erarbeitung einer Problembezeichnung helfen. Die Methode kennt zwei verschiedene Anwendungsarten:

● »A-als-Gegensatz-zu-B«-Form
● »Hindernis«-Form.

Bei der »A-als-Gegensatz-zu-B«-Form erarbeiten Sie eine Bezeichnung, die zwei konträre Kräfte beschreibt. Ein Beispiel dafür:

> *Wir sollten das neue Produkt unverzüglich auf dem Markt einführen;* **andererseits** *sollten wir aber zuwarten, bis wir alle Aspekte der Herstellung zufriedenstellend gelöst und die bestehenden Lagerbestände verkauft haben.«*

Die »Hindernis«-Form beschreibt einen Wunsch oder eine Notwendigkeit und nennt dann das Hindernis, das sich diesem Wunsch in den Weg stellt. Zum Beispiel:

> *Wir wollen das neue Produkt unverzüglich auf dem Markt einführen, aber gewisse Qualitätsmängel* **sprechen gegen** *dieses Vorhaben.«*

Kraftfeld-Analyse »A als Gegensatz zu B«

Was möchten Sie?   Was möchten Sie nicht?

_____   _____

_____   _____

_____   _____

_____   _____

_____   _____

_____   _____

_____   _____

Kraftfeld-Analyse »Hindernisse«

Was ist Ihre Wunschvorstellung Was ist notwendig?	Was steht dem im Weg?
_____	_____
_____	_____
_____	_____
_____	_____
_____	_____
_____	_____
_____	_____
_____	_____

5.3.4 Analyse der Schlüsselbegriffe

Mit Hilfe dieser Methode werden die zentralen oder umstrittenen Worte bzw. Begriffe definiert. Für eine effektive Problemlösung und Entscheidungsfindung ist gute Kommunikation die Grundbedingung. Manchmal jedoch entwickeln sich Begriffsprobleme zu einer Barriere. Begriffsprobleme treten dann auf, wenn verschiedene Beteiligte einem bestimmten Schlüsselbegriff unterschiedliche Bedeutungen zuordnen. Mit Hilfe des Arbeitsblattes »Schlüsselbegriff-Analyse«, das Sie auf der nächsten Seite finden, können Sie die Bedeutung umstrittener Worte oder Begriffe abklären und Bezeichnungen finden, die von allen Betroffenen akzeptiert werden können.

Um eine Schlüsselbegriff-Analyse durchzuführen, müssen Sie ...

● Jenes Wort/jenen Ausdruck suchen, der der »Aufhänger« des Problems zu sein scheint.
● Dieses Wort in das obere Kästchen des Arbeitsblattes eintragen.

- Die Gruppe bitten, für dieses Schlüsselwort möglichst viele und möglichst konkrete Definitionen zu suchen.
- Eine Definition auswählen, der alle Beteiligten Zustimmung schenken, und sie in Ihre Problembezeichnung integrieren bzw. den umstrittenen Ausdruck in Ihrer ursprünglichen Problembezeichnung durch diese akzeptablere Definition ersetzen.

Im Beispiel »Consumer Tech« gibt es ein Wort, das man definieren sollte, nämlich »Qualität«. Hier sehen Sie die spontanen Vorschläge der Führungskräfte.

Beispiel: Arbeitsblatt zur Analyse der Schlüsselbegriffe

Schlüsselbegriff	Qualität
Definition:	
– Technischer Leiter →	akzeptable Ausschußrate des Produkts (gewöhnlich 5 Prozent oder weniger)
– Qualitäts-Verantwortlicher →	keinerlei Defekte am Produkt
– Marketingleiter →	das »beste« Produkt auf dem Markt
– Finanzleiter →	Produkt mit der höchsten Gewinnspanne
– Firmendirektor →	Produkt, das die Aktienkurse ansteigen läßt

Die Analyse der Schlüsselbegriffe ist nur eine unterstützende Methode im Verlauf des Problemlösungs- und Entscheidungsfindungsprozesses, die aber einen wesentlichen Beitrag zur Verhinderung von Fehldefinitionen leisten kann.

Arbeitsblatt »Analyse der Schlüsselbegriffe«

Schlüsselbegriff

____

Suchen Sie möglichst viele und möglichst konkrete Definitionen
für diesen Schlüsselbegriff:

____

____

____

____

Testen Sie das Ergebnis

Gleichgültig, nach welcher Methode Sie eine Problembezeichnung erarbeitet haben, sollten Sie nun die Effektivität der von Ihnen gewählten Bezeichnung überprüfen. Im Problembezeichnungstest sind alle Charakteristika einer effektiven Bezeichnung zusammengefaßt. Gehen Sie diese Aufstellung durch, bewerten Sie Ihre Bezeichnung, und verändern Sie sie, wenn dies nötig erscheint. Die Erfahrung zeigt, daß der Grund für mangelnde Problemdefinitionen meistens in ungenügenden Problembezeichnungen zu suchen ist.

Problembezeichnungstest

Wird in Ihrer Problembezeichnung ...   Ja   Nein

... definiert, was Sie lösen möchten? _____   O   O

... allgemein festgelegt, welchen Aspekt des Problems
Sie beseitigen möchten? _____   O   O

... genau erklärt, was Sie verändern möchten? _____   O   O

... beide Seiten des Konfliktes identifiziert? _____   O   O

... beschrieben, welches Ziel Sie haben und
was sich diesem Ziel entgegenstellt? _____   O   O

... der zentrale Kern des Problems genannt? _____   O   O

... das Dilemma klar und deutlich festgehalten? _____   O   O

... definiert, welcher Art das Problem ist,
mit dem Sie kämpfen? _____   O   O

... Übereinstimmung aller beteiligten Seiten erreicht? _____   O   O

... geklärt, wer das Problem tatsächlich hat? _____   O   O

Teil 6:

Schritt 3 – Analyse der Problemursache

Methode zur Problemlösung und Entscheidungsfindung

Schritt 1: Problemerkennung

Schritt 2: Problembenennung

Teil 6: | **Schritt 3: Analyse der Problemursache**

Schritt 4: Lösungsalternativen

Schritt 5: Entscheidungsfindung

Schritt 6: Aktionsplanung

6.1 Die Suche nach dem Problemauslöser

Die Analyse der Problemursache verhilft uns zur wahren Definition des Problems. Nun drängt sich die Frage auf, warum wir dann wertvolle Zeit zur Durchführung der Schritte 1 und 2 aufgewendet haben? Es ist extrem schwierig, sich durch den Dschungel der mentalen und emotionalen Fragen zu kämpfen, in dem das Problem verborgen liegt. Die ersten zwei Schritte dienten dazu, den Betroffenen bewußtzu-machen, worin das Problem besteht und worin nicht. Diese Schritte trugen dazu bei, die Ursachen, die Kräfte oder Stimuli herauszufinden, die an der Entstehung eines bestimmten Problems beteiligt waren, und klarzustellen, worin sie sich von den Auswirkungen, den Symptomen und den Folgeerscheinungen dieser Ursachen unterscheiden.

In Schritt 3 machen wir uns auf die Suche nach der Wurzel eines Problems. Die Wurzel ist die Hauptursache, die entscheidende Kraft für die Existenz eines Problems, die man durchaus zu fassen bekommen kann. Chester Barnard, der schon vor einiger Zeit Bücher zum Thema »Management-Verfahren« verfaßte, nannte die Problemwurzel den »Beschränkungsfaktor«. Barnard, der vor einigen Jahrzehnten eine leitende Position bei einer bedeutenden Telephongesellschaft innehatte, bemerkte nämlich, daß auf seinem Schreibtisch nur Probleme landeten, »denen der Bezug fehlte«. Nur wenn er es schaffte, diesen Bezug wiederherzustellen, den »Beschränkungsfaktor« außer Kraft zu setzen, gelang es ihm, Probleme ein für allemal aus der Welt zu schaffen.

- ● **Zum dritten und letzten Mal: die »Eisberg-Regel«**

In Schritt 3 werden Sie herausfinden, welche Kräfte am Werk sind, um das Problem zu verschlimmern; jene Teilaspekte durchgehen, die mögliche Problemursachen sind, und jene, die nur Folgeerscheinungen des Problems darstellen. Vielleicht werden Sie das Gefühl haben, Sie hätten zu schnell eine Antwort gefunden. Wenn Sie diese analysie-ren, werden Sie bemerken, daß Sie oft nur eine teilweise Erklärung der Problemursache gefunden haben, nur einzelne Schichten des Eisberges erkannt haben. Die Wurzel des Pro-blems ist die unterste Schicht eines Eisberges. Sie ist der zentrale Grund für das Entstehen eines Problems; mit dieser Wurzel muß man sich auseinandersetzen, will man lang-fristige Problemlösungen erarbeiten.

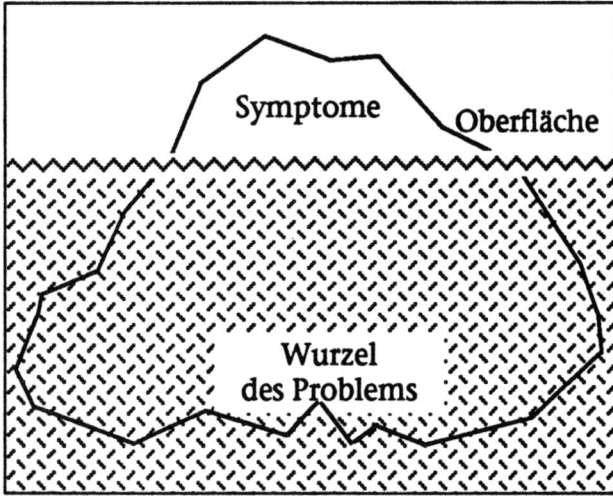

Unsere Darstellung der verschiedenen Eisbergschichten unter der Wasseroberfläche illustriert einen wesentlichen Gesichtspunkt der Anatomie von Problemen. In den meisten Fällen konzentrieren sich die Beteiligten zu sehr auf oberflächliche Symptome oder Teilaspekte, die nur eine Folge der eigentlichen Problemwurzel sind.

Sehen Sie sich folgendes Beispiel an: Ein Arbeiter erfährt aus firmeninterner Quelle von dem Gerücht, die Firma solle geschlossen werden, und nimmt das Schlimmste an, was ihm dabei passieren kann: »Ich werde meinen Job verlieren.« Obwohl es sich nur um ein Gerücht handelt, wird der Arbeiter unsicher und macht sich auf die Suche nach einem neuen Job. Einem seiner Vorgesetzten kommt das zu Ohren, worauf er dem »unloyalen« Arbeiter künftig die kalte Schulter zeigt. Wenn nun nichts aus dem neuen Job wird, so muß der Arbeiter in Zukunft unter einem schlechten Arbeitsklima leiden.

Der Mann in unserem Beispiel versteht vielleicht den Werdegang dieses Problems nicht, oder er ist nicht fähig, mit seinem Vorgesetzten offen über das dumme Gerücht zu sprechen. Oder aber er meint, er müsse denjenigen schützen, der das Gerücht in Umlauf gebracht hat.

● Die Schichten des Eisberges

Die einzelnen Schichten des eben beschriebenen Problems können Sie der folgenden Abbildung entnehmen, wobei die zum Schluß aufgetretenen Symptome ganz oben und die tieferliegenden Ursachen weiter unten dargestellt sind. Wenn Sie dem chronologischen Ablauf folgen möchten, müssen Sie bei der untersten Schicht beginnen.

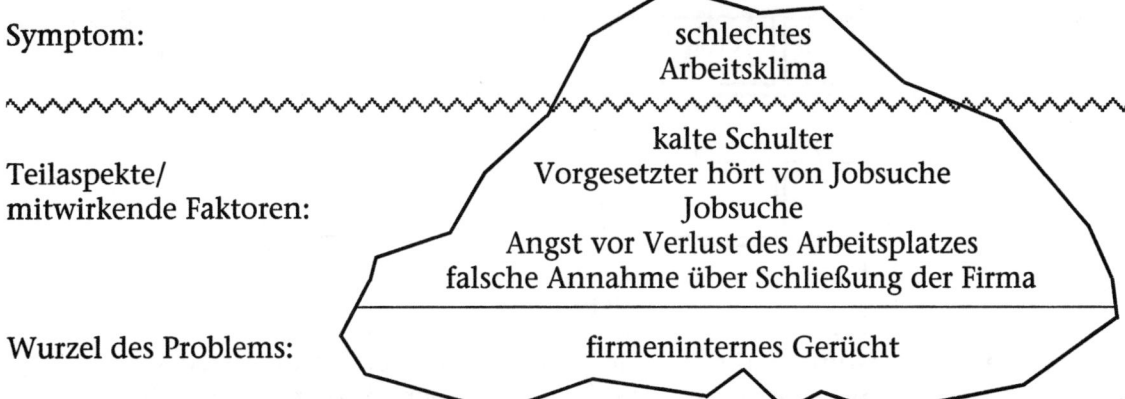

Symptom:
    schlechtes Arbeitsklima

Teilaspekte/ mitwirkende Faktoren:
    kalte Schulter
    Vorgesetzter hört von Jobsuche
    Jobsuche
    Angst vor Verlust des Arbeitsplatzes
    falsche Annahme über Schließung der Firma

Wurzel des Problems:
    firmeninternes Gerücht

Wenn diese unheilvolle Verkettung von Ereignissen offen zur Sprache käme, könnten die Mißverständnisse aufgeklärt werden. Im Moment wäre dies den Beteiligten vielleicht etwas peinlich, das Arbeitsklima wäre jedoch nicht auf Dauer belastet.

● **Suchen Sie den wahren Auslöser**

Manchmal stößt man mit der Analyse der Problemursache auf eine Wurzel, die
unlösbar scheint. Hierbei kann es sich aber nicht wirklich um die Problemwurzel
handeln.

Vor einigen Jahren geriet eine Versicherungsfiliale in große finanzielle Schwierigkeiten, und zwar gerade zu Frühlingsbeginn. Als Ursache für diese Schwierigkeiten
gab man an, daß vor wenigen Wochen ein Schneesturm das Hauptgebäude der
Versicherung eingeschneit hätte. Wegen dieser extremen Wetterbedingungen
konnten die Versicherungsangestellten ihre Arbeitsplätze nicht erreichen, und der
Postkontakt zu besagter Versicherungsfiliale kam zum Erliegen.

Kann das schlechte Wetter in diesem Fall als Wurzel des Problems angesehen
werden? Sicherlich nicht – es ist nur ein Teilaspekt. Schlechtes Wetter, keine allzu
außergewöhnliche Tatsache um diese Jahreszeit, kann nicht eine ganze Filiale in
Schwierigkeiten stürzen. Die Analyse der Problemursache ergab schließlich, daß man
die finanzielle Situation nicht richtig im Griff hatte und daß sich die winterliche
Witterung deshalb so nachteilig ausgewirkt hatte. Die Wurzel des Problems bestand
darin, daß der Filialleiter sich gerade von einer Operation erholte und niemand da
war, der ihn vertreten hätte können. Solange niemand anderer die Verantwortung
über alle finanziellen Angelegenheiten übernahm, waren die Probleme nicht in den
Griff zu bekommen, und vielleicht ermöglicht eine neue Unternehmensstrategie,
daß in Hinkunft Schlüsselpositionen zu jeder Zeit besetzt sind.

● **Ersetzen Sie den Grundbaustein**

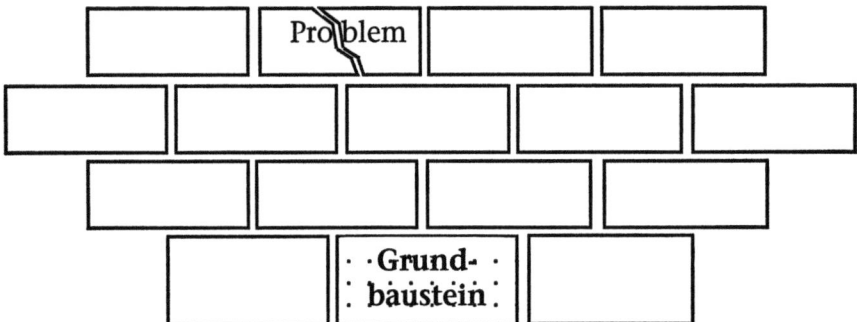

Die Wurzel ist der Grund dafür, daß ein Problem andauert, immer wieder auftritt
und die Beteiligten immer wieder belastet, frustriert oder aus dem Konzept bringt.
Die Wurzel gleicht einem Grundbaustein – jenem Baustein, der alle anderen
zusammenhält.

Suchen Sie ebendiesen Grundbaustein, ersetzen Sie ihn durch einen guten Baustein (= Lösung), und das Problem »zerfällt in nichts«.

Haben die Beteiligten bei der Suche nach Problemursachen plötzlich ein sogenanntes »Aha!«-Erlebnis, dann sind sie wirklich auf die Wurzel gestoßen. »Aha« ist jener Ausdruck, der einem im Moment der Erkenntnis ganz automatisch über die Lippen kommt. Oft ist die Wurzel eines Problems zum Greifen nahe, und Sie bemerken dennoch längere Zeit nicht, wie wichtig ein bestimmter Faktor ist.

Als die Leitung der Firma Consumer Tech das Problem »Diskrepanz, wie wir im Hinblick auf das neue Produkt vorgehen sollen«, analysierte, kamen viele am Problem beteiligte Faktoren ans Tageslicht. Schließlich fand man heraus, daß die Ursache im Vorstandsteam und in den übertrieben optimistischen Berichten über die erfolgreichen Testergebnisse der neuen Zahnbürste zu suchen war. Im Vorstand der Firma war man hellauf begeistert gewesen von der Vorstellung, daß bei Erscheinen des Produktes auf dem Markt alle Konkurrenten ausgeschaltet und die Aktienkurse in die Höhe schnellen würden.

Das erklärte auch, warum man so viel Druck dahinter gesetzt hatte, die neue Zahnbürste sofort auf den Markt zu bringen. Die Firmenleitung besaß andererseits auch nicht alle wichtigen Informationen. Sie war nicht davon in Kenntnis gesetzt worden, daß noch Bedenken hinsichtlich der Qualität der neuen Zahnbüste sowie die Frage der Lagerbestände offen waren. Die Problemursache wurde schließlich folgendermaßen definiert:

»Unzureichende Information der Firmenleitung über alle Aspekte der neuen elektronischen Zahnbürste.«

Wie konnte es dazu kommen? Ein paar enthusiastische Mitarbeiter hatten der Firmenleitung anfänglich begeisterte Berichte über die neue Zahnbürste zukommen lassen. Das ist an sich kein Verbrechen. Es ist verständlich, daß man gute Nachrichten auch seinen Vorgesetzten zukommen lassen möchte. Es geht hier auch nicht darum, irgend jemandem die Schuld für dieses Problem zuzuweisen. Bei der Analyse der Problemursache geht es allein darum, herauszufinden, was vorgefallen ist, um im nachhinein korrigierend eingreifen zu können.

Bedenken Sie, welchen Unterschied es macht, ob man bei der Lösung eines Problems von einem derartigen Problemansatz ausgeht anstatt von einseitigen Kräften. Diese Kräfte waren zwar beteiligt an der Entstehung des Problems und erklären zum Teil seine Hartnäckigkeit. Aber sie waren nicht die Hauptursache des Problems. Erst wenn man ein gemeinsames »Aha«-Erlebnis hat, erst wenn die Betroffenen auf die wahre Wurzel des Problems stoßen, besteht wirklich die Chance auf eine dauerhafte Lösung.

Leider muß oft mehr getan werden, als nur die Wurzel des Problems zu beseitigen – im Beispiel Consumer Tech muß man der Firmenleitung nun alle nötigen Informationen zukommen lassen –, um wirklich das Problem in seiner Gesamtheit lösen zu können. Aber solange die Firmenleitung nicht über die ganze Wahrheit verfügt, kann das Problem jedenfalls nicht gelöst werden.

6.2 Zwischen Ursache und Wirkung unterscheiden

In Schritt 3 analysieren Sie jene Daten, die Sie gesammelt haben oder untersuchen möchten. In der Folge sehen Sie sich alle Ursache/Wirkung-Beziehungen an, bis Sie auf die Hauptursache stoßen. Sie drehen jeden Stein um und sehen, ob sich darunter eine Ursache verbirgt – so lange, bis Sie alles erforscht haben.

Manchmal ist es sehr schwierig, zwischen Ursache und Wirkung zu unterscheiden. Im Wörterbuch ist Ursache definiert als »alles, was eine Wirkung nach sich zieht«, und Wirkung als »Ergebnis einer Ursache«. Das hilft uns nicht gerade weiter! Besser ist es, sich Ursachen als Kräfte vorzustellen, die die Symptome eines Problems hervorrufen bzw. verschlimmern, und Wirkungen als Folgeerscheinungen solcher Ursachen. Wenn man sich jedoch irgendwo zwischen Spitze und Basis eines Eisberges befindet, kann es leicht vorkommen, daß man Ursache und Wirkung miteinander verwechselt.

Versuchen Sie, die folgende Übung zur Analyse von Ursache und Wirkung durchzuführen und ihre Fertigkeiten in dieser Richtung zu verbessern. Die Situation beschreibt das Dilemma eines Programmierers der technischen Abteilung der Firma Computer Tech, der für die Entwicklung eines neuen Anwendungsprogramms verantwortlich ist. Der leitende Programmierer weigerte sich, einer Programmänderung zuzustimmen. Können Sie versuchen, Ursache und Wirkung in dieser Problemsituation zu unterscheiden?

Übung zur Analyse von Ursache und Wirkung

Problembezeich- nung:	Leitender Programmierer ist mit Programmänderung nicht einverstanden.
Ziel:	Kennzeichnen Sie die folgenden Faktoren entweder als Ursachen (U) oder als Wirkungen (W). Am unteren Ende der Seite finden Sie die Auflösung. Vergleichen Sie, ob Sie die Faktoren richtig bezeichnet haben.

Faktor	U	W
1. Hitzige Debatten zwischen den Programmierern _____	O	O
2. Verschiedene Programmierstile vor der Programmänderung _____	O	O
3. Programmierer frustriert über die Einführung des neuen Programmierstils _____	O	O
4. Keine Hilfestellung zur Erlernung des neuen Programmierstils _____	O	O
5. Keinerlei Supervision durch leitenden Programmierer _____	O	O
6. Beim Meeting zum Thema Programmänderung fielen Schimpfworte _____	O	O
7. Leitender Programmierer erhielt »unumschränkte« Entscheidungsbefugnis _____	O	O
8. Rückkehr zur alten Datenbank _____	O	O
9. 280 Arbeitsstunden nötig, um die durch die Programmänderung entstandenen Fehler auszubessern _____	O	O
10. Niemand arbeitet gerne mit leitendem Programmierer zusammen _____	O	O
11. EDV-Abteilung ineffizient – Aufnahme neuer Mitarbeiter _____	O	O
12. Leitender Programmierer zeigt »Besserwisser«-Allüren _____	O	O
13. Anwender haben kaum Mitspracherecht hinsichtlich der Programmänderung _____	O	O

Antworten:

Die folgenden Faktoren waren Ursachen: 2, 4, 5, 7, 8, 12 und 13. Die verbleibenden Faktoren waren Wirkungen.

6.3 Wie findet man die Wurzel eines Problems?

Im bisherigen Verlauf des PL/EF-Prozesses haben Sie schon verschiedene Beispiele für Problemursachen kennengelernt. Wenn Sie an Ihrem persönlichen Beispiel schon Schritt 1 und 2 ausgeführt haben, dann gehen Sie nun noch einmal alle Fakten, Symptome, Bezeichnungsvorschläge und Schlüsselbegriffe durch und suchen nach Kräften, die zur Entstehung dieses Problems beigetragen haben. Tragen Sie alle bisher erarbeiteten Ursachen im Arbeitsblatt zur Ursachen-Analyse ein. Dieses Arbeitsblatt kann Ihnen helfen, eine Menge Zeit zu sparen – Voraussetzung für eine effiziente Anwendung dieses Blattes ist aber, daß Sie Ursachen und Wirkungen in richtiger Weise unterscheiden können. Können Sie das nicht, wird die folgende Liste viel zu umfangreich ausfallen.

Arbeitsblatt »Ursachen-Analyse«

Bezeichnung des Problems

_____

_____

Mögliche Ursachen

_____

_____

_____

_____

_____

Wurzel des Problems

_____

_____

_____

6.4 Sechs Methoden,
um Problemursachen herauszufinden

Die Analyse der Problemursachen zählt wohl zu den schwierigsten Aufgaben im Verlauf des PL/EF-Prozesses.

Die sechs im folgenden angeführten Methoden können Ihnen bei dieser Aufgabe helfen. Wir wollen jede von ihnen genauer beschreiben.

- Brainstorming
- Analyse der positiven/negativen Kräfte
- unbekannte Faktoren auflisten
- chronologische Analyse
- »Immer-wieder-warum«-Analyse
- Ursache/Wirkung-Diagramm

6.4.1 Brainstorming

Sie können Ihre Liste der potentiellen Problemwurzeln durch Brainstorming ergänzen lassen. Mögliche Ausgangsfragen könnten folgendermaßen lauten:

»Was hat das Problem verursacht?«
»Warum existiert das Problem?«
»Wann hat es begonnen, und woher kommt das Problem?«
»Warum löst sich das Problem nicht von selbst oder verschwindet einfach wieder?«
»Was war die Hauptursache des Problems?«
»Gab es irgendeine Veränderung, die diese Problemsituation heraufbeschworen haben könnte?«
»Warum tritt dieses Problem immer wieder auf?«
»Warum verbessert sich die Lage nicht in irgendeiner Hinsicht?«

6.4.2 Analyse der positiven/negativen Kräfte

Sie kennen bereits das in zwei Spalten unterteilte Arbeitsblatt – eine Spalte für die negativen und eine für die positiven Kräfte. Dieses Arbeitsblatt eignet sich auch dazu, weitere Problemursachen herauszufinden. Indem Sie jeweils überlegen, was die Situation verbessert oder verschlechtert, werden Sie auf Faktoren stoßen, die Sie bisher übersehen haben.

Analyse der positiven/negativen Kräfte im Hinblick auf Problemursachen

Welche Kräfte verkleinern oder verringern das Problem?	Welche Kräfte vergrößern oder steigern das Problem?

(Erstellen Sie mit diesen Fragen ein Arbeitsblatt.)

6.4.3 Unbekannte Faktoren auflisten

Manchmal kommt es in Problemlösungs- oder Entscheidungssitzungen zu einer Flaute, noch bevor man das Problem wirklich umfassend untersucht hat. Um diese »toten Punkte« zu überwinden, empfiehlt es sich, das Arbeitsblatt zur Auflistung unbekannter Faktoren einzusetzen und damit das kreative Denken der Beteiligten anzuregen. Im Prinzip ist diese Methode eine Form von Brainstorming, nur unter umgekehrten Vorzeichen. Oft konzentrieren sich die Teilnehmer zu sehr darauf, alles aufzuzählen, was sie über das Problem wissen. Irgendwann sind sie dann blockiert – es fällt ihnen einfach nichts mehr ein. Durch die Frage »Was wissen wir noch nicht über dieses Problem?« werden sie angeregt, Überlegungen in einer anderen Richtung anzustellen bzw. bisher versteckte Faktoren ans Tageslicht zu bringen.

Arbeitsblatt zur Auflistung unbekannter Faktoren

Bezeichnung des Problems

_____

Was ist uns über das Problem noch nicht bekannt?

_____

(Erstellen Sie mit diesen Fragen ein Arbeitsblatt.)

6.4.4 Chronologische Analyse

Die Darstellung des in einzelne Schichten unterteilten Eisberges verdeutlicht, wie sich ungelöste Probleme weiterentwickeln. Eine falsche Entscheidung löst ein Produktionsproblem aus. Eine Maßnahme hält für einige Zeit, es treten jedoch

Nebenerscheinungen auf. Diese werden wiederum mit raschen Gegenmaßnahmen beseitigt, die ebenfalls keine dauerhafte Lösung darstellen. Nach einigen Monaten weiß niemand mehr, wie alles eigentlich begonnen hat.

Mit Hilfe der chronologischen Problemanalyse kann die Entstehungsgeschichte eines Problems zurückverfolgt werden. Von der Gegenwart aus wird die Spur aller Hauptsymptome oder Problemursachen zurückverfolgt und auf ihren Entstehungszeitpunkt hin untersucht. Auf diese Weise werden Ursache/Wirkung – Beziehungen festgestellt; man überlegt, was vor der eigentlichen »Explosion« vorgefallen ist. Oft merkt man, daß ein Zwischenproblem auf eine unzureichende frühere Lösung zurückgeht.

Arbeitsblatt »Chronologische Problemanalyse«

Hauptsymptom/-ursache	Wann fing es an?	Was geschah dann?
	(Erstellen Sie mit diesen Fragen ein Arbeitsblatt.)	

Die Problemursachen des Programmiererstreits der Firma Consumer Tech wurden ebenfalls in chronologischer Ordnung aufgelistet (den neuesten Stand der Dinge finden Sie ganz oben).

- Fehlende Supervision im Programmiererteam.
- Leitender Programmierer wählte alte Datenbank.
- Verschiedene Programmierstile vor Programmänderung.
- Anwender haben kaum Mitspracherecht bei Programmänderung.
- Keine Hilfestellung zur Erlernung des neuen Programmierstils.
- Leitender Programmierer erhielt »unumschränkte« Entscheidungsbefugnis.
- Leitender Programmierer zeigte »Besserwisser«-Allüren.

In diesem speziellen Fall entschied man, daß die Allüren des leitenden Programmierers als persönliche Eigenschaft zu werten seien und eine diesbezügliche Veränderung nicht in der Macht der Beteiligten stand. Die Endanalyse brachte dann zutage, daß es falsch war, einem »Besserwisser« die alleinige Entscheidung über die Vorgangsweise zu übertragen. Dieser Umstand hatte nämlich das Problem ausgelöst. Es geht aber nicht darum, nun jemandem die Schuld zuzuweisen. Manche Entscheidungen scheinen in dem Moment, wo sie gefällt werden, sehr vernünftig, erweisen sich jedoch später als Problemauslöser. Im nachhinein ist man immer gescheiter ... – also konzentrieren Sie sich darauf, *was* an der Entstehung eines Problems schuld war, und nicht *wer*.

Es kann hilfreich sein, die Ergebnisse auf einer Problem-Zeitachse einzuzeichnen. Unser Beispiel soll Ihnen verdeutlichen, wie so eine Zeichnung aussehen könnte. Die Darstellung selbst läßt meist keine konkreten Schlüsse zu. Aber sie zeigt uns, welche Faktoren unwichtig sind und worauf wir uns andererseits bei der Suche nach der Wurzel eines Problems konzentrieren müssen.

Chronologische Problemanalyse »Leitender Programmierer«

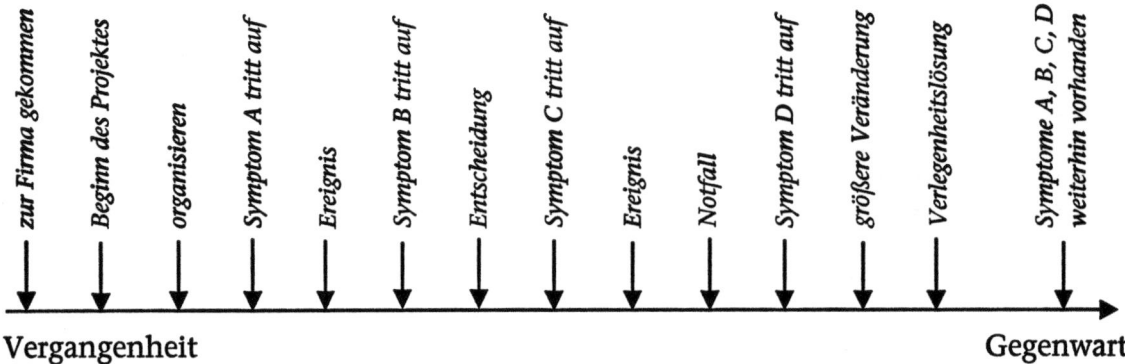

Vergangenheit   Gegenwart

6.4.5 »Immer-wieder-warum«-Analyse

Manchmal findet man im Zuge umfassender Analysen viele potentielle Ursachen, hat aber kein »Aha«-Erlebnis, das auf die Wurzel des Problems hinweist. Es kann deshalb hilfreich sein, den Werdegang eines Problems mit der »Immer-wieder-warum-Analyse« zurückzuverfolgen. Bei dieser Methode unterscheidet man zwischen den elementaren Ursachen und ihren Zwischenauswirkungen. Diese logische Methode erinnert an die bekannten russischen Püppchen: man öffnet das große Püppchen und merkt, daß darin ein zweites versteckt ist, in diesem wiederum ein drittes, ...

Wenn Sie im ersten Durchgang die Wurzel des Problems noch nicht ausfindig machen können, so suchen Sie jenen auslösenden Faktor, der Ihnen am elementarsten erscheint. Tragen Sie ihn in das erste Kästchen des Arbeitsblattes zur »Immer-wieder-warum«-Analyse ein. Dann fragen Sie »Wodurch wurde dieser Faktor verursacht?« oder »Warum ist das ein Problem?« – und zwar immer wieder, bis Sie das erste Glied dieser Kette ausfindig machen können. Dem nun folgenden Beispiel können Sie entnehmen, wie diese Methode funktioniert.

Arbeitsblatt »Immer-wieder-warum«-Analyse

... wurde ausgelöst durch ...

▼

... wurde ausgelöst durch ...

▼

... wurde ausgelöst durch ...

▼

... wurde ausgelöst durch ...

▼

Beispiel »Immer-wieder-warum«-Methode

Problem: Wütender Kunde am Telefon

Zum fünften Mal auf die Nebenleitung geschaltet.

... wurde ausgelöst durch ...

Unfähigkeit, das neue Telefonsystem richtig zu bedienen.

... wurde ausgelöst durch ...

Falsche schriftliche Instruktionen hinsichtlich Telefonbedienung.

... wurde ausgelöst durch ...

Falsches Bedienerhandbuch zu Telephonapparat erhalten.

... wurde ausgelöst durch ...

Aushilfskräfte hatten keine schriftlichen Anweisungen
und packten Telefonapparat falsches Bedienerhandbuch bei.

Analyse der Problemursache

6.4.6 Ursache/Wirkung-Diagramm

Eine weitere Möglichkeit für eine logische Analyse der Problemursachen besteht darin, ein Ursache/Wirkung-Diagramm zu erstellen. Dieses Diagramm wird oft auch »Fischgrät-Diagramm« genannt, weil es den »Überresten« einer guten Fischmahlzeit ähnelt. Dieses Diagramm teilt die Faktoren in verwandte Gruppen und erleichtert dadurch die weitere Analyse.

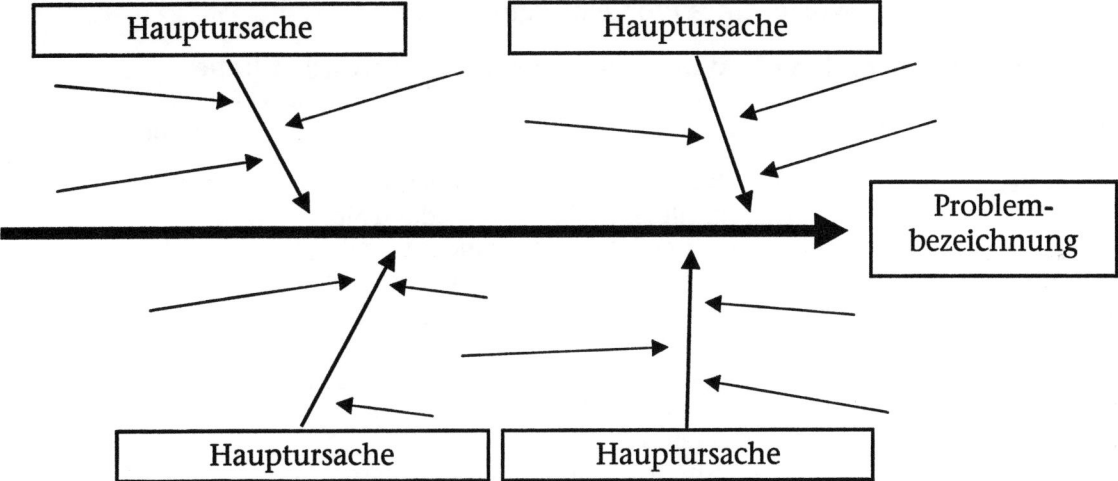

Und so würde ein Ursache/Wirkung-Diagramm für das Auftreten von technischen Fehlern aussehen:

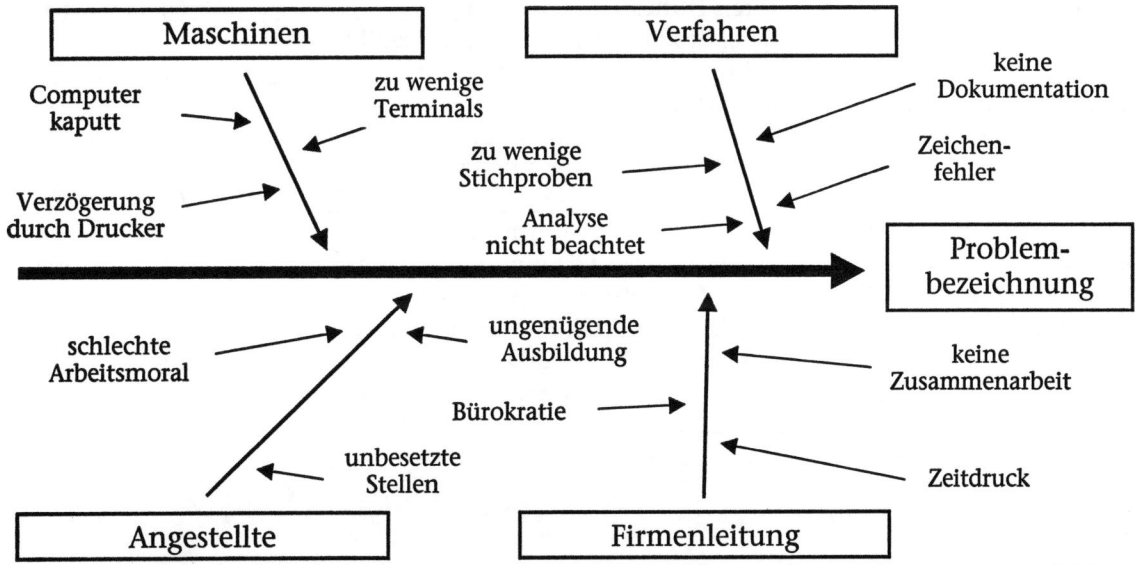

6.5 Haben Sie es geschafft?

Gehen Sie nicht zur Lösungsphase über, solange Sie nicht wirklich sicher sind, die Wurzel des Problems gefunden zu haben. Überprüfen Sie dies durch den Test »Wie ich erkenne, ob ich die Wurzel des Problems gefunden habe«. Um sicherzustellen, daß Sie ein Problem wirklich vollständig und richtig analysiert haben, gehen Sie alle Merkmale der Checkliste durch – sind wirklich alle zutreffend? Ist dies nicht der Fall, so müssen Sie sich nach einem anderen Problemansatz umsehen, der dem Test standhalten kann. Die zweite Phase des PL/EF-Prozesses führt nur dann zum Erfolg, wenn Sie die wahre Wurzel eines Problems kennen.

Wie ich erkenne, ob ich die Wurzel eines Problems gefunden habe

Frage		Ja	Nein
Sackgasse:	1. Als Sie sich die Frage stellten »Was war die Ursache für dieses Problem?«, merkten Sie, daß Sie in einer Sackgasse gelandet waren _____	O	O
Meinungsaustausch:	2. Jeglicher Meinungsaustausch erreichte einen positiven Abschluß _____	O	O
Optimistische Stimmung:	3. Alle Beteiligten sind nun motiviert und optimistisch _____	O	O
Übereinstimmung:	4. Alle sind sich einig, daß es sich hier um die Wurzel jenes Problems handelt, das sich bisher nicht lösen ließ _____	O	O
Erklärung:	5. Die Wurzel liefert eine für alle befriedigende Erklärung für das Bestehen des Problems _____	O	O
Erstes Auftreten:	6. Die Problemsituation wurde zurückverfolgt bis zu ihren frühesten Anfängen _____	O	O
Logik:	7. Die Wurzel des Problems ist logisch, ergibt Sinn und zerstreut alle Unklarheiten _____	O	O
Einfluß:	8. Die Wurzel des Problems ist ein Faktor, der sich beeinflussen läßt, den man in den Griff bekommen kann und der eine rationale Vorgangsweise erlaubt _____	O	O
Hoffnung:	9. Es besteht nun wieder Hoffnung auf konstruktives Arbeiten an der Lösung des Problems _____	O	O
Umsetzbarkeit der Lösung:	10. Mit einem Mal eröffnen sich realistische Möglichkeiten zur Problembeseitigung – nicht nur unerreichbare Forderungen _____	O	O
Stabilität der Lösung:	11. Man hat nun Vorstellungen von einer stabilen, dauerhaften Lösung, die das Problem ein für allemal aus der Welt schaffen wird _____	O	O

6.6 Welche Methode in welcher Situation?

Schritt 3 ist wohl die schwierigste und unüberschaubarste Phase des PL/EF-Prozesses. Es gibt zahlreiche verschiedene Methoden zur Suche nach der Wurzel eines Problems – ein Überangebot, das manche aus dem Konzept bringt. Das Analyseprogramm zur Erarbeitung des Problemauslösers schlägt deshalb eine bestimmte Abfolge von Methoden vor und ist gleichsam eine Checkliste, auf die Sie sich stützen können.

Passen Sie die Abfolge der einzelnen Schritte jeweils Ihrer speziellen Problemsituation an.

Checkliste »Analyseprogramm zur Erarbeitung des Problemauslösers«

Erreicht am ...

Vorgangs-weise	1. Einigen Sie sich mit allen Teilnehmern, nach welchen Methoden und Reihenfolgen sie vorgehen möchten	_____	_____
Aufgaben-verteilung	2. Wählen Sie einen geeigneten Moderator und einen Protokollführer	_____	_____
Brainstor-ming	3. Führen Sie ein Brainstorming zu einer geeigneten Frage-stellung durch, und dokumentieren Sie alle Antworten auf einem einfachen Arbeitsblatt, z. B. auf dem »Arbeits-blatt zur Analyse der Ursachen« (siehe Seite 60)	_____	_____
+/– Kräfte	4. Ergänzen Sie Ihre Liste potentieller Problemursachen mit Hilfe einer Analyse der positiven/negativen Kräfte	_____	_____
Bewertung	5. Bewerten Sie, welche Ursache Ihnen am elementarsten erscheint; welche Ursache allen anderen zugrunde liegt	_____	_____
Diagramm	6. Teilen Sie alle potentiellen Ursachen in Gruppen bzw. Kategorien ein, und bestimmen Sie mittels eines Ursache/Wirkung-Diagramms, welche Kategorie am elementarsten ist	_____	_____
»Immer-wieder-warum«-Methode	7. Verfolgen Sie mit Hilfe dieser Methode den Werdegang der elementarsten Problemursache zurück bis zu deren Wurzel. Wenn Sie meinen, in einer Sackgasse angelangt zu sein, setzen Sie probeweise an einem anderen Aus-gangspunkt an, und wiederholen Sie den Vorgang	_____	_____
Andere Methoden	8. Versuchen Sie, mittels anderer Methoden noch mehr potentielle Ursachen ausfindig zu machen und zu be-werten, bis Sie auf den Problemauslöser stoßen	_____	_____
Überprüfen	9. Wenn Sie glauben, Sie haben die Wurzel des Problems gefunden, dann überprüfen Sie diese Hypothese mit der geeigneten Checkliste (siehe Seite 68)	_____	_____
Nicht aufgeben	10. Wenn sich Ihre erste Hypothese nicht bestätigt, wieder-holen Sie den Analysevorgang. Hat das »Aha«-Erlebnis noch nicht stattgefunden, dann bedeutet jedes Weiter-gehen im Problemlösungsprozeß vergebliche Mühe	_____	_____

Teil 7:

Schritt 4 – Lösungsalternativen

	Methode zur Problemlösung und Entscheidungsfindung
	Schritt 1: Problemerkennung
	Schritt 2: Problembenennung
	Schritt 3: Analyse der Problemursache
Teil 7:	Schritt 4: Lösungsalternativen
	Schritt 5: Entscheidungsfindung
	Schritt 6: Aktionsplanung

7.1 Die Suche nach der Problemlösung

Nun beginnt die zweite Phase des PL/EF-Prozesses, das »Lösen« des Problems. Im Verlauf von Schritt 4 entscheiden Sie sich für eine realisierbare Lösung. Dieser Schritt muß weder langwierig noch kompliziert sein, er ist jedoch äußerst wichtig, um zur Einigung aller vom Problem Betroffenen gelangen zu können.

Schritt 4 heißt »Mögliche Lösungen«, denn er zielt darauf ab, eine vollständige Liste aller erdenklichen Lösungen aufzustellen. Sie sollten überlegen, mit welcher Vorgangsweise das Problem »an seiner Wurzel gepackt« und ein für allemal gelöst werden kann. Sie sollten erst dann zu Schritt 5 übergehen, wenn Ihre Liste wirklich vollständig ist.

● Warum die Liste so lang wie möglich sein soll

Es ist wichtig, wirklich auf eine vollständige Liste zu bestehen und nicht gleich beim ersten vernünftigen Vorschlag zum nächsten Punkt weiterzugehen. Oft ist der erste Lösungsvorschlag, den Sie nur so aus dem Ärmel schütteln, nicht gerade der beste, nicht ausgereift genug – möglicherweise folgen ihm noch wesentlich bessere. Sie sind bis zu Schritt 4 vorgedrungen, ohne ungeduldig zu werden. Erliegen Sie auch jetzt nicht der Versuchung!

Bemühen Sie sich, das kreative Potential aller Problemlöser zu nützen, um die verschiedensten Lösungsstrategien zu erarbeiten. So können Sie auch sichergehen, daß alle Standpunkte betrachtet werden. Man kann zwar nicht alle Differenzen vorwegnehmen, die sich später während des Entscheidungsprozesses ergeben werden, doch ist es zumindest eine Möglichkeit, den gegenseitigen Respekt und die gegenseitige Anerkennung der Beteiligten zu fördern, die man in Konfliktsituationen oft vergeblich suchen muß. Jeder Teilnehmer hat vielleicht eine eigene Meinung, einen besonders bevorzugten Lösungsvorschlag. Sie sollten darauf achten, alle diese Meinungen und Vorschläge ans Tageslicht zu bringen und auf die Liste zu setzen.

Dadurch, daß wirklich alle Vorschläge aufgeschrieben und in Erwägung gezogen werden, gibt man keinem Beteiligten das Gefühl, er (und seine Idee) wäre ausgeschlossen. So entwickelt jeder das Gefühl der Mitverantwortlichkeit für das weitere »Schicksal« der einzelnen Vorschläge im Entscheidungsprozeß. Dies trägt auch zu einer größeren Konsensbereitschaft bei.

Beispiel: Die Weiterentwicklung der Situation bei Consumer Tech

Bei der Firma Consumer Tech erarbeitete man folgende (noch nicht geordnete) Liste mit Vorschlägen zur Lösung des Problems der neuentwickelten elektronischen Zahnbürste.

1. Der Firmenchef trifft eine Entscheidung, die auch von jenen akzeptiert werden muß, die anderer Meinung sind.

2. Kündigung jener Mitarbeiter, die auf sofortige Einführung der neuen Zahnbürste auf dem Markt drängen.

3. Gründung eines Tochterunternehmens, das die Produktion der neuen Zahnbürste übernimmt.

4. Kündigung jener Mitarbeiter, die für eine bedächtige Vorgangsweise plädieren.

5. Kündigungsdrohung der betroffenen Mitarbeiter aus Protest gegen den Druck der Geschäftsleitung.

6. Planung eines Meetings mit der Geschäftsleitung, um sie mit allen wichtigen Informationen zu versorgen und um ihr die endgültige Entscheidung zu überlassen.

7. Gemeinsames Erarbeiten eines Planes für die Zukunft (unter Einbeziehung der Geschäftsleitung).

8. Abwarten, bis sich die Dinge von selbst lösen (gar nichts weiter unternehmen).

9. Engagieren eines Beraters, der die Vermittlerrolle übernimmt.

Manche dieser Lösungsvorschläge scheinen vernünftiger zu sein als andere. Jene Lösungen, die Kündigungen einschließen (Punkte 2 und 4), haben zwar ziemlich radikalen Charakter, wurden jedoch der Vollständigkeit halber in die Liste aufgenommen. Wenn die Liste wirklich vollständig ist, erledigt sich zumindest *eine* Frage von vornherein, nämlich: »Ist die beste Lösung in dieser Aufzählung enthalten?« Wenn gewissenhaft *alle* möglichen Lösungen erfaßt wurden, ist *die* Lösung sicherlich auch dabei.

7.2 Eine vollständige Lösungsliste erstellen

Folgende drei Methoden helfen bei der Erstellung einer vollständigen Lösungsliste:

- Wiederverwertung
- Brainstorming
- Kraftfeld-Analyse

Diese Methoden sind dazu gedacht, Strategien und grundlegende Vorgangsweisen zu finden, nicht aber einzelne Schritte vorzuschlagen. Wollte man jeden konkreten Einzelschritt festhalten, der zur Problemlösung beitragen könnte, würde die Liste alle Dimensionen sprengen. Man könnte den Wald vor lauter Bäumen nicht mehr sehen. Wenn Ihnen viele konkrete Aktionen zur Problemlösung einfallen, so heben Sie sich diese auf für Schritt 6, die Erstellung eines Aktionsplans.

7.2.1 Wiederverwertung

Nehmen Sie Ihre bisherigen Aufzeichnungen als Grundlage. Schon während der Problemanalyse ist man immer wieder versucht, gezielte Maßnahmen gegen bestimmte Symptome zu nennen. Wenn Sie nun Ihre Aufzeichnungen über die Schritte 1, 2 und 3 noch einmal durchsehen, werden Sie vermutlich schon eine Menge von Lösungsvorschlägen finden. Nun können Sie auch sehen, welche Vorteile eine genaue Mitschrift und eine gründliche Analyse für den weiteren Verlauf des Problemlösungsprozesses mit sich bringen.

Suchen Sie also alle potentiellen Lösungsstrategien, die Ihnen bisher schon untergekommen sind, und tragen Sie sie in das Arbeitsblatt »Mögliche Lösungen« auf der folgenden Seite ein. Theoretische Vorschläge zur Lösung einer Problemsituation sind genauso erwünscht wie Lösungsversuche, die bereits einmal in der Praxis erprobt wurden, jedoch erfolglos blieben. Nach dem Motto »alles ist möglich« sollen auch solche »gescheiterten« Versuche auf die Liste kommen. Ein früherer Flop kann durchaus beim nächsten Mal zu einem zufriedenstellenderen Ergebnis führen, wenn man nur den richtigen Schwerpunkt setzt. Außerdem können solche Vorschläge auch als Anregung für neue und brauchbarere Lösungen dienen.

Arbeitsblatt »Mögliche Lösungen«

Wurzel des zu lösenden Problems

Zählen Sie alle Lösungsstrategien auf, die im weitesten Sinne eine Chance auf Erfolg haben.	Bewertung (Schritt 5)*

7.2.2 Brainstorming

Brainstorming ist wie geschaffen für Schritt 4. Konzentrieren Sie sich darauf, wirklich *alle* Lösungsstrategien zu finden, die auch nur im weitesten Sinne eine Chance zur Beseitigung des Problemauslösers bieten. Nehmen Sie auch Vorschläge auf die Liste, die unwahrscheinlich anmuten, lächerlich, inakzeptabel, weithergeholt scheinen – einfach alles, was in irgendeiner Weise mit der Lösung der Problemursache in Zusammenhang steht.

Untersuchungen haben ergeben, daß konservativ denkende Gruppen weit weniger Erfolge bei der Lösung von Problemen verzeichnen können als Gruppen, die es schaffen, auch verrückte Ideen auszusprechen. Wenn Sie nur Ihre inneren Barrieren überwinden, über Ihren eigenen Schatten springen, so kommen vielleicht auch Ihnen verrückte Vorschläge in den Sinn. Denken Sie daran, sogar haarsträubende Ideen (die ohne uneingeschränktes Brainstorming niemals ausgesprochen worden wären) konnten oft schon in brauchbare Vorgangsweisen umgewandelt werden.

Tragen Sie jeden neuen Gedanken in Ihr Arbeitsblatt »Mögliche Lösungen« ein. Halten Sie sich an die Brainstorming-Regeln, und vermeiden Sie es, irgendwelche Vorschläge zu korrigieren oder zu bewerten, solange die Liste nicht vollständig ist.

Lassen Sie die Spalte zur Bewertung noch frei – sie wird erst im Verlauf von Schritt 5 aktuell.

Nehmen Sie in Ihre Liste stets auch den Vorschlag »Gar nichts weiter unternehmen« hinein – auch diese Möglichkeit sollte ehrlich in Betracht gezogen werden.

Mögliche Ausgangsfragen für ein Brainstorming zu diesem Punkt sind:

»Was würde das Problem lösen?«
»Mit welcher Strategie könnten wir die Wurzel des Problems beseitigen?«
»An welche Lösungen haben wir schon gedacht?«
»Welche Vorgangsweisen sind uns bereits in den Sinn gekommen?«
»Wie könnten wir verhindern, daß diese Situation immer wieder auftritt?«
»Welche Methoden könnten funktionieren?«
»Welche verrückten Gedanken könnten eine Hilfe sein?«

7.2.3 Kraftfeld-Analyse

Die Analyse der positiven/negativen Kräfte zur Erarbeitung von Lösungen ist eine Methode zur Gedankenanregung der Problemlöser, die wir bereits vorgestellt haben. Da es hier um das Erarbeiten von Lösungen geht, wollen wir die zwei Spalten mit »Verbesserung« und »Verschlechterung« bezeichnen. Das erinnert auch an das Arbeitsblatt von Schritt 3 zur Erforschung der Problemursachen. Alle neuen Lösungsvorschläge tragen Sie bitte in die Liste »Mögliche Lösungen« ein.

Was könnte zur Verbesserung der Problemsituation beitragen?	Was würde zu einer Verschlechterung der Situation führen?
_____	_____
_____	_____
_____	_____
_____	_____
_____	_____
_____	_____
_____	_____
_____	_____

Teil 8:

Schritt 5 – Entscheidungsfindung

	Methode zur Problemlösung und Entscheidungsfindung
	Schritt 1: **Problemerkennung**
	Schritt 2: **Problembenennung**
	Schritt 3: **Analyse der Problemursache**
	Schritt 4: **Lösungsalternativen**
Teil 8:	**Schritt 5:** **Entscheidungsfindung**
	Schritt 6: **Aktionsplanung**

8.1 Die Lösungssuche

Die zweite Hälfte unseres Buchtitels lautet »Entscheidungsfindung«. Dennoch haben wir mehr als die Hälfte der Zeit gebraucht, um bis hierher zu gelangen. Die Erklärung dafür ist einfach: alle bisherigen Schritte und Methoden dienten als Vorbereitung, bildeten die Grundlage dafür, daß wir nun daran gehen können, eine Entscheidung zu treffen.

In Schritt 5 sollen Sie *eine* der Alternativen auswählen, entscheiden, wie nun weiter vorgegangen werden soll. Sie streben eine unumstößliche Entscheidung an, die von allen Betroffenen wirklich anerkannt wird.

Allzu oft ergeben sich Entscheidungen aus politischem Machtmißbrauch, persönlichen Vorlieben, unzureichender Führung oder machohafter Demonstration von Entscheidungsbefugnis. Der PL/EF-Prozeß soll all diese Möglichkeiten ausschließen. Durch gründliches Analysieren des Problems sowie das Erstellen einer vollständigen Lösungsliste ist es nun allen Beteiligten möglich, eine objektive und rationale Bewertung vorzunehmen.

Lösungsalternativen bewerten

Die Philosophie von Schritt 5 heißt *Bewertung*. Das bedeutet, Sie sollen die besten Vorschläge auswählen – durch Eliminieren und gegeneinander Abwägen aller Alternativen. Sie können Ihre Wahl treffen, indem Sie die Vorschläge einer Reihung unterziehen, nach Priorität ordnen oder nach einem Punktesystem bewerten. Das Ziel besteht darin, die »richtige« Lösung mit Hilfe einer praktischen und wissenschaftlichen Methode zu finden.

In den meisten Fällen gibt es mehrere Möglichkeiten zur Lösung eines Problems. Die Problemlöser haben durch ihre Vorschläge und Beteiligung an der Analyse eine gewisse »Mitverantwortung« entwickelt. Die Lösungsliste sollte nun alle realistischen Strategien enthalten.

Sie haben nun harte Vorarbeit geleistet und stehen unmittelbar vor dem »Zieleinlauf«. Denken Sie daran, daß es Ihr Hauptanliegen ist, eine *fixe* Entscheidung zu treffen, die auch von allen akzeptiert wird. Nur wenn *alle* Beteiligten eine Entscheidung unterstützen, wird sie auch durchführbar sein und mit Hilfe eines Aktionsplanes (siehe Schritt 6) gemeinsam realisiert werden können.

Es kann durchaus vorkommen, daß eine »richtige« Entscheidung nicht zum Erfolg führt, weil sie nicht von allen Beteiligten mitgetragen wurde. Oft ist eine Kompromißentscheidung weniger riskant und findet bei den Betroffenen mehr Anklang. Es ist besser, die »zweitbeste« Lösung zu wählen, die von *allen* akzeptiert wird als eine »perfekte« Lösung, der noch versteckter Widerstand entgegengebracht wird. Die Entscheidung soll also subjektiv-pragmatisch und gleichzeitig auch objektiv »richtig« sein. *Ist eine Entscheidung einmal getroffen und von allen akzeptiert, dann muß daran auch unter allen Umständen festgehalten werden.*

8.2 Wie man eine Entscheidung trifft

Sie sehen hier acht Verfahren zur Entscheidungsfindung. Die erste Methode ist am wenigsten, die achte am meisten strukturiert.

- informelle Diskussion
- Brainstorming
- Ausscheidung
- Fakten gegen Ziele abwägen
- Fakten gegen Konsequenzen abwägen
- Prioritäten setzen
- Kombinieren von Lösungen
- Kriterienmatrix

8.2.1 Informelle Diskussion

Es ist naheliegend, eine Liste von Lösungsvorschlägen zur allgemeinen Diskussion zu stellen. Laut zu denken, die Reaktionen der einzelnen auf verschiedene interessante Vorschläge anzuhören und deren Vor- und Nachteile offen auszusprechen, ist ein guter Ausgangspunkt für eine Entscheidung. Wenn Sie zu irgendwelchen Erkenntnissen gelangen, können Sie diese in die Bewertungsspalte des unter Schritt 4 gezeigten Arbeitsblattes »Mögliche Lösungen« eintragen. Die Diskussionsmethode ist die am wenigsten strukturierte Bewertungsweise; dennoch spielt sie eine entscheidende Rolle im Problemlösungs- und Entscheidungsfindungsprozeß.

8.2.2 Brainstorming

Brainstorming ist nicht von vornherein geeignet zur objektiven Entscheidungsfindung. Die Kraft, die aus diesem gemeinsamen Denkprozeß resultiert, kann manchmal die Bemühungen um rationales Analysieren und ausgeglichenes Bewerten zunichte machen. In anderen Fällen kann Brainstorming jedoch auch eine effektive Methode sein. Einige mögliche Fragen, die Sie als Ausgangspunkt wählen können:

> *»Wie schneiden die einzelnen Lösungen Ihrer Meinung nach ab?«*
> *»Welche Lösung scheint die brauchbarste zu sein?«*
> *»Welche Lösung hat die besten Erfolgschancen?«*
> *»Wie riskant sind die einzelnen Lösungen?«*
> *»Welche Lösung kann jeder von Ihnen voll und ganz unterstützen?«*
> *»Welche konkrete Lösung wählen Sie?«*

8.2.3 Ausscheidung

Es kommt sehr häufig vor, daß die Teilnehmer während einer informellen Diskussion oder eines Brainstormings merken, daß einige Lösungsvorschläge ungeeignet sind. Durch Ausscheiden dieser Vorschläge wird eine sehr umfangreiche Liste überschaubarer. Man kann konkrete Faktoren zur Disqualifizierung von Vorschlägen heranziehen, wie z. B. Kosten, Risiko oder Zeitfaktoren. Auch für die nachfolgenden Methoden ist es unerläßlich, die Liste zu kürzen.

Kreuzen Sie jene Vorschläge an, die Sie aus der Vorschlagsliste der Firma Consumer Tech eliminieren würden. Vergleichen Sie dann anhand des nachfolgenden Kästchens, welche Vorschläge man bei Consumer Tech tatsächlich ausgeschieden hat.

1. Der Firmenchef trifft eine Entscheidung, die auch von jenen akzeptiert werden muß, die anderer Meinung sind _____ O
2. Kündigung jener Mitarbeiter, die auf sofortige Einführung der neuen Zahnbürste auf dem Markt drängen _____ O
3. Gründung eines Tochterunternehmens, das die Produktion der neuen Zahnbürste übernimmt _____ O
4. Kündigung jener Mitarbeiter, die für eine bedächtige Vorgangsweise plädieren _____ O
5. Kündigungsdrohung der betroffenen Mitarbeiter aus Protest gegen den Druck der Geschäftsleitung _____ O
6. Planung eines Meetings mit der Geschäftsleitung, um ihr alle wichtigen Informationen zu unterbreiten und die endgültige Entscheidung zu überlassen _____ O
7. Gemeinsames Erarbeiten eines Planes für die Zukunft (unter Einbeziehung der Geschäftsleitung) _____ O
8. Abwarten, bis sich die Dinge von selbst lösen (gar nichts weiter unternehmen) _____ O
9. Engagieren eines Beraters, der die Vermittlerrolle übernimmt _____ O

Antworten:

Während des Entscheidungsprozesses wurden bei Consumer Tech sehr rasch die Punkte 2, 4 und 5 als »nicht erstrebenswert« ausgeschieden.

8.2.4 Fakten gegen Ziele abwägen

Gehen Sie die verbleibenden Punkte Ihrer Lösungsliste durch, und wägen Sie gewisse Fakten dieser Vorschläge gegen Ziele der Firma, der Abteilung oder gegen persönliche Vorhaben ab. Dazu ist ein genauer, strategischer und aktueller Plan nötig. An diesem Punkt des PL/EF-Prozesses erkennen die Problemlöser oft die Notwendigkeit, bestimmte Ziele der Firma oder einzelner Personen zu definieren.

Ein guter Ausgangspunkt für Verfahren Nr. 4 ist es, zuerst eine Idealvorstellung zu entwickeln: wenn Sie alle Faktoren fest im Griff hätten, wie würde dann die ideale Situation aussehen? Anschließend bewerten Sie jeden Vorschlag vor dem Hintergrund dieses Wunschbildes.

8.2.5 Fakten gegen Konsequenzen abwägen

Sie können mit Hilfe des Arbeitsblattes »Konsequenzen« alle potentiellen »Auswirkungen« einer Lösung abwägen. Tragen Sie die potentiellen Lösungen in die linke Spalte ein, und gehen Sie dann alle rechts davon liegenden Spalten durch, um die möglichen Konsequenzen dieser Lösung festzuhalten. Durch anschließendes Vergleichen der verschiedenen Spalten stellen Sie eine Risiko/Vorteil- und eine Kosten/Nutzen-Analyse auf. In der letzten Spalte (»Ergebnis«) halten Sie schließlich fest, ob die möglichen Vorteile und Nutzen die potentiellen Risiken und Kosten rechtfertigen.

mögliche Lösung	potentielle Kosten	potentielle Risiken	mögliche Vorteile	mögliche Nutzen	Ergebnis

8.2.6 Prioritäten setzen

Die Checkliste »Methode zur Prioritätensetzung« auf der nächsten Seite bietet Ihnen sieben Vorgangsweisen, die beste Lösung aus einer Liste herauszufinden. Jede dieser Vorgangsweisen bringt bestimmte Vorteile. Wählen Sie jene, die am besten für Ihre Situation und Ihre Lösungsliste geeignet ist.

Das an zweiter Stelle beschriebene Verfahren »Sortiermethode« ist Ihnen vielleicht noch unbekannt. Es funktioniert in derselben Weise wie ein Computer-Sortier-programm. Die ersten beiden Punkte einer Liste werden herangezogen und gegen-einander abgewogen; wenn Punkt 2 gewinnt, so rückt er an die erste Stelle der Liste. Anderenfalls verbleibt er an der zweiten Stelle, während das nächste Punktepaar verglichen und gereiht wird. Sehen wir uns die Sortiermethode anhand der verbliebenen Punkte auf der Lösungsliste von Computer Tech an.

L 1 Der Firmenchef trifft eine Entscheidung, die auch von jenen akzeptiert werden muß, die anderer Meinung sind.

L 3 Gründung eines Tochterunternehmens, das die Produktion der neuen Zahnbürste übernimmt.

L 6 Planung eines Meetings mit der Geschäftsleitung, um ihr alle wichtigen Infor-mationen zu unterbreiten und ihr die endgültige Entscheidung zu überlassen.

L 7 Gemeinsames Erarbeiten eines Planes für die Zukunft (unter Einbeziehung der Geschäftsleitung).

L 8 Abwarten, bis sich die Dinge von selbst lösen (gar nichts weiter unternehmen).

L 9 Engagieren eines Beraters, der die Vermittlerrolle übernimmt.

Wenn wir Lösung 3 und Lösung 6 miteinander vergleichen, erscheint Lösung 3 weniger erstrebenswert und sollte deshalb nach unten gereiht werden.

L 1 Der Firmenchef trifft eine Entscheidung, die auch von jenen akzeptiert werden muß, die anderer Meinung sind.

L 6 Planung eines Meetings mit der Geschäftsleitung, um ihr alle wichtigen Infor-mationen zu unterbreiten und ihr die endgültige Entscheidung zu überlassen.

L 3 Gründung eines Tochterunternehmens, das die Produktion der neuen Zahnbürste übernimmt.

L 7 Gemeinsames Erarbeiten eines Planes für die Zukunft (unter Einbeziehung der Geschäftsleitung).

L 8 Abwarten, bis sich die Dinge von selbst lösen (gar nichts weiter unternehmen).

L 9 Engagieren eines Beraters, der die Vermittlerrolle übernimmt.

Diesen Vorgang sollten Sie mit allen Punkten der Liste wiederholen. Der Prioritäts-vergleich mit Hilfe der Sortiermethode kann als abgeschlossen angesehen werden, wenn sich alle Beteiligten geeinigt haben, welche Position jeder Punkt der Lösungs-liste jeweils im Vergleich zu allen anderen einnehmen soll.

Sind Sie mit der Reihenfolge der Vorschläge einverstanden, die man bei Consumer Tech erarbeitet hat, oder würden Sie eine andere Reihung vornehmen?

L 7 Gemeinsames Erarbeiten eines Planes für die Zukunft (unter Einbeziehung der Geschäftsleitung).

L 6 Planung eines Meetings mit der Geschäftsleitung, um ihr alle wichtigen Infor-mationen zu unterbreiten und ihr die endgültige Entscheidung zu überlassen.

L 9 Engagieren eines Beraters, der die Vermittlerrolle übernimmt.

L 1 Der Firmenchef trifft eine Entscheidung, die auch von jenen akzeptiert werden muß, die anderer Meinung sind.

L 3 Gründung eines Tochterunternehmens, das die Produktion der neuen Zahnbürste übernimmt.

L 8 Abwarten, bis sich die Dinge von selbst lösen (gar nichts weiter unternehmen).

Checkliste »Methoden zur Prioritätensetzung im Entscheidungsfindungsprozeß«

1. Nach folgenden Kriterien reihen:

	A	B	C	D	...
			Lösungen		
Beste Lösung		✔			
Beste Umsetzbarkeit	✔				
Verläßlichkeit				✔	
Erprobteste Lösung			✔		
Geringstes Risiko					✔
Mitarbeiterfähigkeit zur Umsetzung		✔			
Erfolgschancen		✔			

2. Sortiermethode anwenden

3. Die einzelnen Gruppenmitglieder bewerten individuell die Lösungsalternativen
(Lösungen A, B, C, D), z. B.:

	Problemlöser				
	Bauer	Huber	Maier	Müller	...
Favorit	C	A	C	B	A
Ersatztip	D			D	B
O. k.		D	A	C	
unter Umständen			B		
geringe Chance	A	B	D	A	C
auf keinen Fall	B	C			D

Anschließend werden die individuellen Lösungen tabelliert, so daß eine gesamte Bewertung durch die Gruppe erfolgen kann.

4. Abstimmen, für welchen Vorschlag eine Mehrheit besteht.

5. Prioritäten setzen – aufgrund von spontanen Vorlieben, Intuitionen oder
Unterstützungserklärungen.

6. Kompromiß erarbeiten.

7. Prioritäten setzen mit Hilfe der Punkte-Methode.

8.2.7 Kombinieren von Lösungen

Im Verlauf der Bewertung verschiedener Lösungsmöglichkeiten merken Sie vielleicht, daß zwei oder mehr Vorschläge durchaus nicht im Gegensatz zueinander stehen. Manche Vorschläge ergänzen einander und sollten deshalb gleichzeitig gewählt werden. In diesem Zusammenhang mag es hilfreich sein, alle verbleibenden Lösungsvorschläge in Kategorien einzuteilen. Indem Sie jeweils mehrere Vorschläge einer Kategorie miteinander kombinieren, können Sie Ihre Liste kürzer und über-schaubarer gestalten. Darüber hinaus können die Befürworter von Lösungen, die zwar unterschiedlich sind, aber dennoch in dieselbe Kategorie passen, ihre kreativen Kräfte nun addieren: so werden Lösungen erarbeitet, die sich besser in die Praxis umsetzen lassen.

Jene drei Lösungen, die derzeit auf der Lösungsliste von Consumer Tech ganz oben stehen, schließen einander durchaus nicht aus; jede der drei verspricht andere Vorteile. Nach kurzer Überlegung entschied man sich dafür, die Lösungen 7, 6 und 9 miteinander zu kombinieren. Die Lösungsliste von Consumer Tech sieht nun folgendermaßen aus:

L 7/6/9 Engagieren eines Beraters zur Vermittlung, umfassendes Informieren der Geschäftsleitung und gemeinsames Erarbeiten eines Planes für die Zukunft.

L 1 Der Firmenchef trifft eine Entscheidung, die auch von jenen akzeptiert werden muß, die anderer Meinung sind.

L 3 Gründung eines Tochterunternehmens, das die Produktion der neuen Zahnbürste übernimmt.

L 8 Abwarten, bis sich die Dinge von selbst lösen (gar nichts weiter unternehmen).

8.2.8 Kriterienmatrix

Eine nützliche Methode zur Visualisierung des Entscheidungsprozesses ist die sogenannte Kriterien-Matrix. Hierbei handelt es sich um ein Diagramm, bei dem alle Alternativen links in eine vertikale Spalte und alle Beurteilungskriterien oben in eine horizontale Zeile eingetragen werden.

Um die Kriterien-Matrix sinnvoll einsetzen zu können, müssen Sie zuerst eine gut durchdachte Liste aller Standards und Kriterien erstellen. Kriterien sind allgemein anerkannte Standards, Richtlinien oder erprobte Maßstäbe, die vorgeben, wie eine effektive Lösung auszusehen hat. Erstellen Sie eine Liste von Indikatoren, die angeben sollen, ob die jeweilige Lösung gut, schlecht oder durchschnittlich ist.

Sie möchten unter Umständen die Ziele der Firma, einer einzelnen Abteilung oder eines einzelnen Angestellten bei der Lösungssuche mit in Betracht ziehen. Gibt es hier irgendwelche gültigen Qualitäts- oder Quantitätsstandards? Könnten sich allfällige Beeinträchtigungen oder Einschränkungen hinsichtlich Zeit, Kosten, Material oder Angestellten ergeben? Welche negativen Begleiterscheinungen wollen Sie um jeden Preis ausschließen? Suchen Sie nach Richtlinien, an denen Sie die Umsetzbarkeit der einzelnen Lösungsvorschläge beurteilen können.

Bei Consumer Tech stellte man folgende Kriterien auf:

Liste der Standards und Kriterien

An welchen Standards und Kriterien sollten Sie Ihre Lösungsvorschläge messen?

- Auswirkung auf den Aktienkurs
- Ausweitung des Marktes
- Kostengünstigkeit
- Auswirkung auf Arbeitsmoral von Firmenleitung und Mitarbeitern
- Risikorate

Die verschiedenen Lösungen werden in der linken Spalte der Matrix eingetragen, die Kriterien darüber in einer horizontalen Zeile. Es ist wichtig, nur Schlüsselbegriffe zu verwenden – durch lange Formulierungen wird die Matrixbewertung nämlich unübersichtlich.

Sie können die Alternativen nach verschiedenen Skalen beurteilen, z. B. nach »A, B, C«, nach »+, –, ?« oder nach Zahlen von 1 bis 3 bzw. von 1 bis 10. Wenn Sie nach Zahlen bewerten, dann zählen Sie jede Reihe zusammen, um die jeweils erreichte Punktezahl jeder Alternative angeben zu können. Sie können auch den Kriterien selbst nach ihrer Wichtigkeit verschiedene Punktezahlen zuordnen und diese dann mit den Punkten der einzelnen Vorschläge multiplizieren. Die endgültige Punktezahl jedes einzelnen Vorschlages ergibt sich durch Addieren der Einzel-bewertungen (direkte Bewertungen oder Multiplikationsergebnisse) in jeder Zeile. Diese Matrix zielt darauf ab, eine komplexe Analyse in mehrere Einzelbereiche aufzusplittern, Ihr Ergebnis sagt jedoch *nicht* mehr aus als die einzelnen Punkte-bewertungen. In manchen Fällen sind andere Bewertungsmethoden besser geeignet.

Kriterienmatrix

Bewertungsskala:

verschiedene Lösungen	Bewertungskriterien			Punkte-anzahl
	X	Y	Z	
L 1				
L 2				
L 3				
...				

In die Kästchen der Matrix tragen Sie ein, welche Bewertung jeder Vorschlag hinsichtlich jedes einzelnen Kriteriums erhalten soll. Auf der folgenden Seite können Sie sehen, wie man bei Consumer Tech die zur Wahl stehenden Lösungen bewertet hat.

Bei Consumer Tech einigte man sich auf eine 5-Punkte-Skala. Sie kennen die Problematik dieser Firma bereits; bitte bewerten Sie die einzelnen Vorschläge nach Ihren eigenen Vorstellungen, und zählen Sie die Punkte zusammen, die jeder Vorschlag erreicht. Anschließend können Sie Ihre eigene Bewertung mit jener von Consumer Tech vergleichen.

Consumer Tech – Kriterienmatrix

Bewertungsskala: 1 bis 5 (5 ist die beste Note)

verschiedene Lösungen	Bewertungskriterien					Punkte-anzahl
	Aktien-kurs	Markt-anteil	Kosten	Arbeits-moral	Risiken	
L 6/7/9: Berater engagieren ...						
L 1: Chefentscheidung						
L 3: Tochterunternehmen gründen ...						
L 8: Abwarten ...						

Bei Consumer Tech wurden die einzelnen Vorschläge folgendermaßen bewertet:

Consumer Tech – Kriterienmatrix

Bewertungsskala: 1 bis 5 (5 ist die beste Note)

verschiedene Lösungen	Bewertungskriterien					Punkte-anzahl
	Aktien-kurs	Markt-anteil	Kosten	Arbeits-moral	Risiken	
L 6/7/9: Engagieren eines Beraters/Informieren der Geschäftsleitung/gemein-samer Zukunftsplan	5	5	4	5	5	24
L 1: Firmenchef trifft Ent-scheidung, die akzeptiert werden muß	2	3	5	3	3	16
L 3: Tochterunternehmen zur Produktion der neuen Zahnbürste gründen	4	5	1	4	1	15
L 8: Abwarten ... (gar nichts weiter tun)	1	3	5	1	1	11

In diesem Fall erreichte man mit Hilfe der Sortiermethode dasselbe Ergebnis wie mit der Kriterienmatrix. Durch ihre Übereinstimmung bestätigen sich die beiden Ergebnisse gewissermaßen gegenseitig. In der Praxis wird man wahrscheinlich nicht nach allen 8 Verfahren zur Entscheidungsfindung vorgehen, sondern jene auswählen, die in einer bestimmten Situation jeweils am besten geeignet sind. Treffen Sie selbst die Wahl.

Die Gesamtpunktezahl jedes einzelnen Alternativvorschlages sagt *nicht* mehr aus als die Einzelbewertungen – das Ziel der Kriterienmatrix beschränkt sich schließlich darauf, eine komplexe Bewertung in eine Reihe von Einzelbewertungen aufzusplittern. Wenn die Punkteergebnisse der einzelnen Vorschläge nicht besonders differieren, sollten Sie daher Entscheidungen nicht allein auf der Basis dieser Matrix treffen.

8.3 Überprüfen Sie Ihre Entscheidung

Bewerten Sie nun Ihre endgültige Entscheidung durch einen »Entscheidungs-Test«. Dieser Test umfaßt Fragen bezüglich der Umsetzbarkeit der von Ihnen gewählten Lösung. Im Verlauf dieses Tests wird sich herausstellen, ob Sie sich für jene Lösung entschieden haben, die am »idealsten« erschien (die am ehesten als Sieger aus dem Entscheidungsprozeß hervorgehen konnte), oder aber für jene, die auch die größten Chancen zur erfolgreichen Umsetzung in die Praxis mitbringt. Im Entscheidungsfindungsprozeß steht Perfektion erst an zweiter Stelle; am allerwichtigsten ist die Umsetzbarkeit einer Entscheidung.

Entscheidungstest

Testfragen	Ja	Nein
1. Beseitigt die Lösung sowohl das Problem als auch seine Wurzel? _____	O	O
2. Wird die Lösung allen Kriterien gerecht? _____	O	O
3. Stellt sie alle Beteiligten und Betroffenen zufrieden? _____	O	O
4. Kann man realisierbare Aktionspläne erstellen? _____	O	O
5. Ist genug Zeit zur Verwirklichung der Lösung? _____	O	O
6. Sind genug Mitarbeiter und Ressourcen da, um die Lösung zu realisieren? _____	O	O
7. Wird die Verwirklichung der Lösung verhindern, daß dieses Problem in Zukunft wieder auftritt? _____	O	O
8. Wurden alle Risiken, Nachteile und eventuelle Konsequenzen in Betracht gezogen? _____	O	O
9. Die Lösung ist die beste Entscheidung im Hinblick auf ihre ...		
a) Vorteile _____	O	O
b) Kosten _____	O	O
c) Risiken _____	O	O
d) Verbindlichkeit _____	O	O
e) Umsetzbarkeit _____	O	O

Teil 9:

Schritt 6 – Aktionsplanung

	Methode zur Problemlösung und Entscheidungsfindung
	Schritt 1: Problemerkennung
	Schritt 2: Problembenennung
	Schritt 3: Analyse der Problemursache
	Schritt 4: Lösungsalternativen
	Schritt 5: Entscheidungsfindung
Teil 9:	**Schritt 6:** Aktionsplanung

9.1 Grundlagen zur Aktionsplanung

Auch wenn eine Lösung perfekt ist und von allen akzeptiert wird, ändert sich die Lage noch nicht, solange diese Lösung nicht in die Praxis umgesetzt wird. Dazu bedarf es eines Aktionsplanes, der festlegt, *wer was* bis *wann* tun wird. Ein Aktionsplan organisiert alle Aufgaben, die zur Umsetzung einer Entscheidung in die Praxis erforderlich sind. Verschiedene Faktoren wie Zeit, Personal und andere Ressourcen müssen in Betracht gezogen werden und in der richtigen Weise aufeinander abgestimmt werden. Weiters müssen Leistungsstandards und Anforderungen hinsichtlich Produktivität und Qualität festgesetzt werden sowie ein Follow-up-Mechanismus, der die Realisierung des Aktionsplanes sicherstellen soll.

● Das Gesetz von Murphy

Denken Sie immer an das Gesetz von Murphy »Was schiefgehen kann, wird auch schiefgehen«. Gleichgültig, wie gut Sie die Zukunft planen, wie genau Sie die konkreten Schritte aufeinander abstimmen, wie gut Sie Zeit und Ressourcen einschätzen – Ihr Plan wird kaum so ablaufen, wie Sie es sich vorstellen. Besser ist es, das Auftreten von Problemen von vornherein einzuplanen und sich darauf vorzubereiten, so gut es eben geht. Die besten Aktionspläne sind jene, die auch mit unvorhergesehenen Dingen rechnen, so daß nicht gleich alle Stricke reißen, wenn Murphys Prophezeiung eintrifft.

● Zahlt sich der Aufwand aus?

Leute, die noch weniger Erfahrung auf dem Gebiet der Problemlösung haben, fragen oft nach dem Sinn einer aufwendigen Planerstellung. Die Antwort ist einfach: wenn man einen Plan hat, ist man besser darauf vorbereitet, richtig zu reagieren und sich umzustellen, wenn irgend etwas schiefläuft. Ein Aktionsplan soll ein Hilfsmittel sein, das ein schnelles Umstellen und umsichtiges Reagieren ermöglicht, und nicht ein steifes Muster von Einzelschritten, das keine Flexibilität erlaubt.

In der hier folgenden **Checkliste »Was ist ein Aktionsplan wert«** sind die Vorteile aufgezählt, die sich aus guter Planung ergeben. Prüfen Sie, welche Punkte Ihnen bei der Umsetzung von Entscheidungen und Lösungen helfen würden.

		ein-ver-standen
realistische Schritte	Ein Aktionsplan umfaßt realistische Schritte zur Umsetzung von Entscheidungen, die für die einzelnen Mitarbeiter greifbar sind _____	O
konkrete Programme	Ein Aktionsplan wandelt abstrakte Ideen in konkrete Programme um, die auch verwirklicht werden können _	O
konkrete Auf-gabenzuteilung	In Aktionsplänen werden den einzelnen Mitarbeitern konkrete Aufgaben zugeteilt; jeder weiß, *was* er bis *wann* zu tun hat _____	O
klare Erwartungen	Die Erwartungen werden klargestellt, so daß die Mitarbeiter wissen, wonach bewertet wird _____	O
effektives Delegieren	Ein Aktionsplan delegiert die Verantwortung an verschiedene Beteiligte _____	O
allgemeines Engagement	Ein Aktionsplan gibt den Beteiligten das Gefühl der Mit-verantwortung und fördert ihr Engagement _____	O
Koordinieren der Schritte	Ein Aktionsplan koordiniert die nötigen Schritte und trägt so zur Entstehung von Arbeitsgruppen und zu effektiver Zusammenarbeit bei _____	O
effektives Follow-up	Ein Aktionsplan bietet einen effektiven Follow-up-Mechanismus, indem er bestimmte Stichproben zur Überprüfung der delegierten Aufgaben vorsieht _____	O
objektive Messung	Ein Aktionsplan bildet eine Basis zur objektiven Messung von Ergebnissen _____	O
eindeutige Kompetenzen	Ein Aktionsplan trägt dazu bei, die Kompetenzen eindeutig festzulegen, indem er bestimmt, *wer wofür* verantwortlich ist _____	O
Zeiteinsparung	Ein Aktionsplan erlaubt ein zeitsparendes Vorgehen, da die einzelnen Schritte zur Umsetzung einer Entscheidung koordiniert und an bestimmte Personen delegiert werden _____	O
Hilfestellung für Mitarbeiter	Ein Aktionsplan bietet den leitenden Angestellten die Möglichkeit, ihre Untergebenen zu unterstützen, ohne sie zu bevormunden _____	O
Einbeziehung der Mitarbeiter	Ein Aktionsplan ist eine gute Möglichkeit, die Ange-stellten in den Planungsprozeß selbst einzubeziehen ___	O
Ergebnisse gewährleisten	Durch bestmögliches Konzentrieren aller Ressourcen werden zufriedenstellende Ergebnisse gewährleistet ____	O

Hier sehen Sie den ersten **Entwurf eines Aktionsplanes der Firma Consumer Tech:**

Planüberblick: Die Geschäftsleitung ausführlich informieren, einen gemeinsamen Planungsprozeß vorbereiten, einen Berater zur Vermittlung einschalten.

Schritt	Verant-wortlicher	...
1. Firmenexternen Berater engagieren	Firmenchef	
2. Probleme der Herstellung durchleuchten	Produktions-leiter	
3. Abschätzen, wann ein verläßlicher Qualitätsstandard erreicht ist	Qualitätsver-antwortlicher	
4. Abschätzen, wann die Lagerbestände verkauft sein werden	Finanzleiter	
5. Plan zur Markteinführung des neuen Produktes erstellen	Marketing-manager	
6. Berater informieren	Firmenchef	
7. Geschäftsleitung voll informieren	Firmenchef	
8. Gemeinsamen Planungsprozeß vorbereiten	Berater	
9. Gemeinsame Planung beginnen	Berater	
10. Aktionsplan zur Verwirklichung erstellen	Firmenchef	

Ein Aktionsplan ist ein konkretes Programm zur Umsetzung einer Entscheidung oder eines Gesamtziels in die Praxis. Das Ergebnis von Schritt 6 ist eine genaue, schrittweise Anleitung zur Verwirklichung einer Entscheidung.

9.2 Hilfsmittel zur Erstellung eines Aktionsplans

Im folgenden finden Sie 7 Verfahren, die Ihnen bei der Erstellung einer Anleitung zur Verwirklichung Ihrer Entscheidung helfen. Jedes dieser Verfahren soll kurz beschrieben werden.

- Wiederverwerten
- Brainstorming
- Frage und Antwort
- Organisieren
- Überwachen
- Ressourcen abschätzen
- Eventualitäten einplanen

9.2.1 Wiederverwerten

Wenn Sie Ihre bisherigen Aufzeichungen noch einmal durchgehen, stoßen Sie vermutlich auf eine Menge von Vorschlägen, die auf konkrete Aktionen hinauslaufen. Verschwenden Sie diese Ideen nicht! Manche werden sich zwar auf andere Problemwurzeln bezogen haben, andere können sich aber sehr gut zur Integration in einen Aktionsplan eignen. Halten Sie alle geeigneten Einzelaktionen auf dem Arbeitsblatt »Konkrete Schritte« fest.

Arbeitsblatt »Konkrete Schritte«

_____

_____

_____

9.2.2 Brainstorming

Nutzen Sie noch einmal Ihr kreatives Potential, und halten Sie ein Brainstorming zum Punkt »konkrete Schritte« ab. Mögliche Ausgangsfragen können sein:

»Was müssen wir tun, damit diese Lösung funktioniert?«
»Wer könnte was tun?«
»Wie kommen wir von hier nach dort?«
»Wie sieht die effizienteste Art der Vorausplanung aus?«
»Wie können wir wissen, ob wir auf dem richtigen bzw. falschen Weg sind?«
»Wie sieht unsere Follow-up-Methode zur Gewährleistung der Verwirklichung dieses Aktionsplans aus?«

9.2.3 Frage und Antwort

Versuchen Sie, Ihre Liste mit Hilfe der Checkliste »Fragen zur Aktionsplan-Erstellung« zu ergänzen. Gehen Sie die Fragen einzeln durch – wenn Sie das Gefühl haben, eine Frage umfassend beantwortet zu haben, gehen Sie weiter zur nächsten. So können Sie sicher sein, daß Sie alle wichtigen Punkte in Ihren Aktionsplan integriert haben.

Checkliste »Fragen zur Aktionsplan-Erstellung«

1. Wie lautet das Gesamtziel bzw. die Idealsituation? _____ O
2. Was ist nötig, um das zu erreichen? _____ O
3. Welche Schritte müssen gesetzt werden? _____ O
4. Wer ist für welchen konkreten Schritt verantwortlich? _____ O
5. Wieviel Zeit nimmt jeder Schritt in Anspruch, und wann soll er erfolgen? __ O
6. Welcher Ablauf ist am besten? _____ O
7. Wie können wir sicherstellen, daß Schritte, die die Voraussetzung für andere Aktionen bilden, zeitgerecht gesetzt werden? _____ O
8. Welche Instruktionen sind nötig, damit alle Mitarbeiter genügend Know-how zur Durchführung der einzelnen Schritte haben? _____ O
9. Welche Standards wollen Sie festlegen? _____ O
10. Welcher Grad der Quantität oder Qualität ist wünschenswert? _____ O
11. Welche Ressourcen wird man brauchen, und wie stellt man sie bereit? _____ O
12. Woran können Ergebnisse gemessen werden? _____ O
13. Wie können wir die Durchführung jedes einzelnen Schrittes im Auge behalten, und wer wird dies jeweils tun? _____ O
14. Welche Stichproben zur Überprüfung sollen festgesetzt werden? _____ O
15. Welche Einzelschritte sind entscheidend, und wie können wir sicherstellen, daß sie Erfolg haben? _____ O
16. Was könnte schiefgehen/wie bekommen wir das Schiff wieder flott? _____ O
17. Auf wen wird dieser Plan Auswirkungen haben und in welcher Weise? _____ O
18. Wie kann dieser Plan bei Eintreten unvorhergesehener Situationen abgeändert werden, ohne seine Ergebnisse aufs Spiel zu setzen? _____ O
19. Wie wird die Kommunikation zwischen den einzelnen Beteiligten aussehen, um gegenseitige Unterstützung zu gewährleisten? _____ O
20. Wie können wir Widerstand gegenüber Veränderung und ähnliche menschliche Faktoren überwinden? _____ O

9.2.4 Organisieren

Mit Hilfe des Vordruckes »Aktionsplan« können Sie alle in Frage kommenden Einzelschritte übersichtlich ordnen. Im Kästchen »Gesamtziel« halten Sie zuerst die angestrebte Lösungsmethode (die Sie in Schritt 5 erarbeitet haben) fest. Weiters tragen Sie alle Schritte, die auf Ihrem **Arbeitsblatt »konkrete Schritte«** aufscheinen, in die entsprechende Spalte »Konkrete Schritte« ein. Dann überlegen Sie, welche Mitarbeiter zur Durchführung der einzelnen Schritte in Frage kommen, und bestimmen, wer wofür verantwortlich ist. In der Spalte »Leistungsstandard« können Sie festlegen, welcher Grad von Quantität bzw. Qualität wünschenswert ist. Ein Punkt, der in diesem Zusammenhang oft vergessen wird, ist die Frage, welche Instruktionen oder Hilfestellungen die einzelnen Beteiligten benötigen. Vergessen Sie nicht festzuhalten, *wer was* lernen muß, um den Aktionsplan erfüllen zu können.

Vordruck »Aktionsplan«

Gesamtziel: _____ Datum: _____

Konkreter Schritt	Verant-wortlicher	Leistungs-standard	Überwachungs-technik	Termin-grenze	Nötige Ressourcen
1.					
2.					
...					

9.2.5 Überwachen

Im Vordruck »Aktionsplan« folgt auf die Spalte »Leistungsstandard« die Spalte »Überwachungstechniken«. Beim Festsetzen eines Leistungsstandards bestimmen Sie, wie gut jede Funktion erfüllt werden muß. Wenn Sie hierzu Quoten, Ziele, Vorgaben, ... festlegen, arbeiten Sie bereits an einem System zur Überwachung der Planverwirklichung.

Ein weiterer wichtiger Punkt im Überwachungsprozeß ist der Zeitfaktor. Für jeden einzelnen Schritt muß eine bestimmte Termingrenze feststehen. Wenn ein Schritt besonders lang oder kompliziert ist, sollten auch zwischendurch gewisse Stichproben gemacht werden.

Ein Plan läuft nie wie am Schnürchen. Deshalb ist es wichtig, ein gutes Kommunikations- und Follow-up-System zu haben, so daß alle Beteiligten stets auf dem laufenden bleiben und auf das richtige Ziel hinarbeiten. Welche Methode wollen Sie anwenden, um zu überprüfen, inwieweit die erbrachten Leistungen den Standards entsprechen und die delegierten Aufgaben pünktlich erfüllt wurden?

Die Checkliste »Überwachungstechniken« schlägt verschiedene Methoden vor, um die konkreten Schritte im Auge zu behalten. Wählen Sie jene Methoden aus, die Sie für die geeignet, genau, einfach und verläßlich halten und die sowohl den Leitenden als auch den Ausführenden Aufschluß darüber bieten, ob die Sache gute Fortschritte macht. Die beste Überwachungsmethode ist stets eine Methode, die von den jeweiligen Ausführenden selbst ausgeht, während Chef und Mitarbeiter nur »Beobachter« sind.

Checkliste: Überwachungstechniken

1. Statistiken über die Produktionszahlen _____ O
2. punktuelle Qualitätskontrollen _____ O
3. Arbeitsstichproben durch das Management _____ O
4. persönliche Arbeitsüberwachung _____ O
5. Firmenrundgänge des Managements _____ O
6. Kontrollpunkte im Rahmen des Aktionsplans _____ O
7. Statistiken über indirekte Zusammenhänge _____ O
8. Trendanalysen (meist mittels Graphen) _____ O
9. Erledigungsberichte _____ O
10. regelmäßige Aktivitätsberichte _____ O
11. Terminüberwachungskartei _____ O
12. Einzelgespräche _____ O
13. Mitarbeiterbesprechungen _____ O
14. Umfragen über Arbeitsklima/Einstellungen; schriftliche Fragebögen _____ O
15. Kunden-/Benutzerbefragungen _____ O
16. Checklistenbewertung/Rechenschaftsberichte _____ O
17. Erfolgsberichte (Ist-Zustand mit Soll-Zustand vergleichen) _____ O
18. Rollenspiele/Probeläufe _____ O
19. Budgetkontrolle _____ O
20. Gerüchte _____ O
21. rein gefühlsmäßige Beurteilung _____ O

9.2.6 Ressourcen abschätzen

Zeit ist eine Ressource, die nur beschränkt zur Verfügung steht und die (ohne genauen Aktionsplan) schnell erschöpft ist – jedoch auch Geld ist eine wichtige Ressource. An diesem Punkt sollten Sie Logistik, Budget und andere »harte« Ressourcen abschätzen. Tragen Sie Ihre Schätzungen in die noch offene Spalte »Benötigte Ressourcen« im Vordruck »Aktionsplan« ein.

9.2.7 Eventualitäten einplanen

Wer die Mühe nicht gescheut hat, alle bisher beschriebenen Verfahren und Schritte zur Erstellung eines Aktionsplanes durchzuführen, der ist nun vielleicht der Meinung, dieser Plan sei bereits perfekt. Sie sollten Murphys Prophezeiung nie vergessen (was schiefgehen kann, das … – Sie wissen schon)! Um zu verhindern, daß irgend jemand oder irgend etwas dem Gesetz von Murphy zum Opfer fällt, sollten Sie sich dagegen absichern. Denken Sie an naheliegende Zwischenfälle wie auch an sehr unwahrscheinliche. Halten Sie sich dabei an das Arbeitsblatt »Eventualitäten einplanen«; überlegen Sie, was schieflaufen könnte, inwieweit Sie das verhindern können und wie Sie – wenn wirklich alle Stricke reißen – das Schiff wieder flott bekommen.

Arbeitsblatt »Eventualitäten einplanen«

Was könnte schieflaufen?

_____

_____

Wie können Sie das verhindern?

_____

_____

Was können Sie tun, wenn es wirklich passiert?

_____

_____

Eine wichtige Ursache für unvorhergesehenen Widerstand ist der alles beeinflussende menschliche Faktor – oft vergißt man gerade auf ihn. Es kann z. B. sein, daß jene, die nicht am PL/EF-Prozeß beteiligt waren, die erarbeitete Lösung falsch auffassen. Versuchen Sie vorauszusehen, wo Widerstand gegen die Veränderung laut werden könnte, und entscheiden Sie, wie Sie dies verhindern bzw. in den Griff bekommen können. Die folgende Aufzählung »Was tun, wenn es Widerstand gegen eine Veränderung gibt« liefert einige wertvolle Hilfestellungen dazu.

Was tun, wenn es Widerstand gegen eine Veränderung gibt?

1. Akzeptieren	Der Mensch hat ein natürliches Verlangen nach Stabilität; jede Veränderung aber erschüttert diese Stabilität. Rechnen Sie von vornherein mit Widerstand, Angst und Unsicherheit gegenüber Neuem und Ungewohntem.
2. Einfühlen	Versuchen Sie, die Reaktion des anderen zu verstehen, indem Sie sich für einen Augenblick in seine Lage versetzen. Wenn Sie überlegen, welchen Einfluß eine Veränderung auf eine Person bzw. ihre Gefühle hat, können Sie besser mit der Situation umgehen.
3. Sich auskennen	Bevor Sie etwas verändern möchten, sollten Sie genau wissen, was Sie eigentlich verändern möchten. Drängen Sie nicht auf neue Wege, solange Sie nicht wirklich mit den alten, erprobten Vorgangsweisen vertraut sind. Wenn nötig, so warten Sie, bis sich ein günstiger Zeitpunkt ergibt.
4. Konsequenzen analysieren	Wer wird davon betroffen sein? Inwiefern? Was könnte Unvorhergesehenes passieren? Gehen Sie alle Eventualitäten durch, und ändern Sie Ihren Plan so ab, daß die wünschenswerten Konsequenzen maximal, die unerwünschten hingegen minimal sind. (Wenn dies für einen Punkt nicht möglich scheint, streichen Sie ihn).
5. Mitarbeiter einbeziehen	Bitten Sie andere um Ihren Kommentar zu diesem Aktionsplan, zu den Vor- und Nachteilen, die er mit sich bringt. Durch Fragen, Diskussionen sowie durch gemeinsame Erarbeitung von Problemlösungen sind die Mitarbeiter nicht nur eher bereit zu Veränderungen, sie leisten auch einen wesentlichen Beitrag zur Qualität dieser Veränderung.

6. Vorwarnen

Je früher Sie eine bevorstehende Veränderung ankündigen, desto besser. Je länger die Betroffenen Zeit haben, sich darauf einzustellen, desto geringer ist der Umstellungsschock, und desto leichter fällt die emotionelle und intellektuelle Anpassung an die neuen Gegebenheiten.

7. Tratsch verhindern

Achten Sie darauf, Ihre Ideen effektiv zu »vermarkten«. Wenn eine Idee schon vorher durchsickert, wenn Gerüchte Ihrer Ankündigung zuvorkommen, sinkt Ihre Glaubwürdigkeit, und dies erschwert Ihre Lage bedeutend.

8. Positiv vorbringen

Bringen Sie Ihre Veränderungsvorschläge den Betroffenen auf möglichst ansprechende Art und Weise nahe, so daß der erste Schock, Angst und Ablehnung möglichst gering ausfallen. Seien Sie gut vorbereitet, gefaßt und konstruktiv – niemals jedoch stur oder dickköpfig.

9. Widerstand nicht unterdrücken

Manchmal müssen die Beteiligten einfach nur den Gefühlen Luft machen, die der Schock einer unerwarteten Veränderung in ihnen ausgelöst hat – und zwar ohne daß ihr Chef darauf reagiert. Wenn sie ihrem Ärger in einer Mitarbeiterbesprechung oder sogar in einem Gespräch unter vier Augen freien Lauf lassen dürfen anstatt ihn unterdrücken zu müssen, werden Sie bald wieder ruhig und vernünftig reagieren.

10. Vorteile betonen

Heben Sie zuerst die Bedürfnisse und Probleme der anderen hervor, und zeigen Sie, wie die geplante Veränderung sich hier positiv auswirken wird. Wenn sich jemand aus einer Veränderung persönliche Vorteile erhoffen kann, ist er eher damit einverstanden und auch bereit, die Umstellungsschwierigkeiten auf sich zu nehmen. Sie können auch Belohnungen für jene in Aussicht stellen, die sich rasch und problemlos an einer Veränderung beteiligen.

11. Den Zweck erklären

Wenn die anderen verstehen, *warum* sie die Mühe der Umstellung auf sich nehmen sollen, sind sie wohl eher dazu bereit. Nennen Sie zuerst das Problem, das Sie zu lösen beabsichtigen, oder die Verbesserung, die Sie anstreben, und dann erst die damit verbundene Veränderung – so erreichen Sie am ehesten die Unterstützung aller Beteiligten.

12. Geben Sie Sicherheit	Wenn der Chef verspricht, daß niemand im Zuge dieser Veränderungen seinen Job (sein Gehalt, seine berufliche Zukunft) verlieren wird, erleichtert das die Sache wesentlich. Versuchen Sie, konkrete Ängste einzelner vorauszusehen, und versichern Sie diesen Leuten glaubwürdig und überzeugend, daß Ihre schlimmsten Befürchtungen nicht eintreten werden.
13. Auf Chancen hinweisen	Viele Leute wollen beruflich vorwärtskommen: Veränderungen bieten dazu eine Möglichkeit. Wenn Sie betonen, welche Chancen im Hinblick auf berufliches Weiterkommen und Entwicklung sich eröffnen werden, werden Sie die Ehrgeizigen bald auf Ihrer Seite haben.
14. Einschulung anbieten	Sowohl im Plan selbst als auch in Ihren Ankündigungen sollten Sie unbedingt Weiterbildungsmöglichkeiten und bessere Einschulung für bestimmte Tätigkeiten verankern, um eine Veränderung erfolgreich über die Bühne zu bringen. Die Leute wollen qualifizierte Aufgaben übernehmen, doch wenn Sie Ihnen nicht ausreichende Instruktionen und Weiterbildungsmöglichkeiten zusichern, kann leicht die Angst vor eventuellem Versagen überwiegen.
15. Schritt für Schritt verändern	Erwarten Sie nicht, daß über Nacht alles anders werden kann. Stellen Sie sich darauf ein, die Veränderung Schritt für Schritt umzusetzen; schnell genug, um die Energien der Beteiligten wachzuhalten, langsam genug, um alle Punkte reibungslos und gewissenhaft verwirklichen zu können.
16. Jeglichen Fortschritt anerkennen	Sie sollten es anerkennen und würdigen, wenn andere konstruktiv und engagiert kooperieren. Ein ehrliches und deutliches »Danke schön« schafft ein positives Klima, wo die Beteiligten für weitere Veränderungen offen sind.

9.3 Abschlußtest »Aktionsplan«

Sie haben nun einen Aktionsplan erstellt – bevor Sie jetzt »in die Praxis entlassen werden«, bewerten Sie Ihren Plan bitte mit Hilfe des folgenden Tests. Indem Sie Ihren Aktionsplan auf 13 Kriterien hin untersuchen, werden Sie ein Gefühl dafür entwickeln, inwieweit er effektiv und umfassend ist. Leute mit viel Erfahrung im Erstellen von Aktionsplänen überarbeiten ihren Entwurf äußerst genau und unterziehen ihn so lange Änderungen, bis er den höchstmöglichen Perfektionsgrad aufweist.

Test »Aktionsplan«

Kriterium

Inwieweit sind folgende Punkte in Ihrem Aktionsplan verankert?	Ja	Nein
1. konkrete Schritte _____	O	O
2. klare Aufteilung von Verantwortung _____	O	O
3. realistische Termingrenzen _____	O	O
4. eindeutige Zieldaten (Leistungsstandards und Produktionsquoten) _____	O	O
5. koordinierte Abfolge _____	O	O
6. ein realistisches und umsetzbares System _____	O	O
7. Kontrollpunkte für Routine-Follow-up _____	O	O
8. verläßliche Bewertungen der Ergebnisse _____	O	O
9. Weiterbildungserfordernisse der Angestellten _____	O	O
10. richtig gesetzte Prioritäten _____	O	O
11. Eventualitätenpläne (für riskante Schritte bzw. Punkte, die schieflaufen können) _____	O	O
12. Vorhaben, die von allen realisiert werden können _____	O	O
13. berechtigte Aussichten zur Erreichung des Idealzustandes _____	O	O

Teil 10:

Zusammenfassung

● **Bewertung Ihrer Zielsetzungen**

Sie haben nun unsere Methode zur Problemlösung und Entscheidungsfindung kennen und umsetzen gelernt – welche persönlichen Fortschritte haben Sie erreicht? Bewerten Sie anhand einer Skala von 1 bis 10 (10 ist die höchste Punkteanzahl), inwieweit Sie sich die 13 wesentlichsten Fähigkeiten zur Durchführung dieser Methode bereits angeeignet haben:

Überblick	Die einzelnen Schritte dieser Methode der Problemlösung verstehen _____	__
Techniken	Wissen, wie man bei jedem Schritt die analytischen Techniken einsetzt _____	__
Kommunikation	Erkennen, welche entscheidende Rolle einer gelungenen Kommunikation zukommt _____	__
Fragen	Wissen, mit Hilfe welcher Fragen man die Kommunikation bei jedem einzelnen Schritt forcieren kann _____	__
Anatomie	Die Anatomie von Problemen kennen sowie über die Gründe ihrer Hartnäckigkeit Bescheid wissen _____	__
Dauerhafte Problemlösung	Probleme so lösen, daß sie nicht über kurz oder lang wieder auftreten _____	__
Ursache & Wirkung	Verstehen, worin der Unterschied zwischen den Ursachen und den Auswirkungen eines Problems liegt ____	__
Problembezeichnung	Wissen, wie man ein Problem beim Namen nennen kann, um die Diskussion und die Analyse zu erleichtern _____	__
Problemwurzel	Wissen, wie man die eigentliche Wurzel eines Problems finden kann _____	__
Lösungsvorschläge	Bescheid wissen, warum und wie man mit Hilfe von Brainstorming Lösungsvorschläge sammeln soll _____	__
Entscheidungen	Wissen, nach welchen Methoden man diese Vorschläge bewertet, um sich für jenen zu entscheiden, der am besten realisiert werden kann _____	__

Aktionspläne	Verstehen, wie wichtig die Erstellung eines Aktionsplanes zur Umsetzung einer Lösung in die Praxis ist _____ __
Praktische Anwendung	Wissen, wie sich diese Methode in Zukunft auch auf Probleme anderer Lebensbereiche anwenden läßt _____ __

● Persönliche Zusammenfassung

Zum Schluß beantworten Sie bitte zur Abrundung die folgenden Fragen:

Nennen Sie jene Punkte dieses Buches, die Ihnen besonders hilfreich erschienen:

_____

Welche Ihrer persönlichen Erwartungen haben sich erfüllt:

_____

Sie kennen nun die PL/EF-Methode – welche Teile dieses systematischen Prozesses haben Sie richtig angewendet?

_____

_____

Welche unbewußten Fehler haben Sie beim Lösen von Problemen und beim Finden von Entscheidungen begangen?

_____

_____

Was haben Sie sich vorgenommen, um Ihre Fähigkeiten auf dem Gebiet der Problemlösung und Entscheidungsfindung weiter auszubauen?

_____

_____

Wie werden Sie das Gelernte in die Praxis umsetzen?

_____

_____

New Business Line

—

Folgende Titel dieser Reihe sind lieferbar: